KB262534

野야해야 청춘

野 야해야 청춘

김용태 지음

위즈덤하우스

이제 질주를
멈춰야 한다

북유럽 스칸디나비아 반도에 레밍^{lemming}이라는 쥐 떼가 산다고 한다. 레밍은 디즈니의 다큐멘터리 영화 〈화이트 와일드니스^{White Wildness}〉에 소개되면서 유명해졌는데, 그것은 1년에 한 차례씩 벌이는 죽음의 질주 때문이다. 사연인즉슨 이렇다.

어느 날 갑자기 레밍 한 마리가 달리기 시작한다. 주위에 있던 놈들은 '쟤가 갑자기 왜 뛰지? 우리도 뛰어야 하는 거 아니야?' 하면서 따라붙는다. 이렇게 레밍 떼는 순식간에 수백, 수천 마리로 불어난다. 앞서 뛰는 놈들은 목표가 있어서 달리는 것이 아닌데 뒤에서 몰려오니까 무작정 달릴 수밖에 없고, 뒤에 따라가는 놈들은 앞에서 뛰니까 영문도 모른 채 따라 달리는 것이다.

그러다가 낭떠러지를 만난다. 여기서 문제가 생긴다. 브레이크가 안 잡히니까 수천 마리의 레밍 떼가 낭떠러지 밑으로 떨어져 집단 몰살하는 것이다. 이것이 레밍이 주기적으로 벌이는 죽음의 질주다.

레밍 이야기를 들으면서 우리 사회도 이와 같다는 느낌을 지울 수 없었다. 우리는 참으로 열심히 뛰어왔다. 1950년대 세계 최빈국이었던 대한민국은 전쟁의 상처를 딛고 일어나 산업화에 성공하면서 기적과 같은 경제성장을 이루었다. 산업문명의 대열에 합류한 결과, 세계 12위의 경제 국가로 우뚝 섰고 현재 한국의 글로벌 기업들은 전성기를 누리고 있다. 경제뿐 아니라 문화에서도 전 세계가 부러워할 만큼 한류의 파급력이 대단하다. 겉으로 보기에 한국은 화려하게 성공했다.

그러나 속사정은 그렇지 못하다. 경제성장의 동력은 멈춰가고, 가팔랐던 성장 후유증은 위험한 수위까지 차올랐다. 잘못된 학교교육의 희생양이었던 20, 30대 청춘들은 절망에 빠져 모범 답안 작성법을 습득하느라 야생성野生性을 거세당한 채 학원가로, 고시촌으로 향한다. 한 문명의 말기 징조가 여기저기서 나타나고 있는 것이다.

이제 질주를 멈춰야 할 때가 되었다. 낭떠러지가 얼마 안 남았다. 패러다임이 이동하면서 세상 흐름의 방향이 틀어졌는데, 우리는 이전에 뛰던 탄성으로 계속 달리고 있다.

그쪽은 낭떠러지다.

어떻게 하면 죽음의 질주를 멈출 수 있을까?

나는 양치기 소년의 역할을 하고 싶었다. 동네 사람들에게 늑대가 나타났다고 외치는 소년처럼 세상 사람들에게 내가 무시무시한 변화를 봤노라고, 이대로 달려가다가는 모두 낭떠러지로 떨어질 것이라고 말해주고 싶었다. 사람들이 보기에는 세상이 그대로 있으니 지금은 거짓말같이 들릴지 모르지만 나는 분명하게 본 것이 있었다. 그래서 마케팅연구소를 운영하면서 '김용태의 변화편지'를 2004년부터 발송하고, 강의와 글쓰기를 통해 그 이야기를 전하고 있다.

절망스럽지만 하나 깨달은 것은 질주를 멈출 수 없다는 사실이다. 왜 못 멈추는가? 달리는 관성력으로, 이대로 멈추려 했다가는 대혼란이 일어날 것이기 때문이다. 철밥통이 깨지고 틀이 붕괴될까 두려워하는 것이다. 그래서 곧 죽을 것을 알면서도 닥치고 달려가다가, 죽는 것을 뻔히 보면서도 떨어질 수밖에 없는 것이 레밍의 딜레마다.

정부나 기업들이 혁신이니 창조니 하는 화두를 꺼내지만 그건 명분상 외치는 구호일 뿐이다. 기득권을 가진 기성세대들은 절대 혁신하지 않는다. 아니 못한다. 우리 사회가 낭떠러지를 향해 달려가고 있는데도 그들의 관심은 오로지 돈과 권력에 쏠려 있다. 이런 현실이 너무 슬프고 절망스럽다.

한국 사회가 50여 년간 쌓아온 산업문명은 몇 년 지나지 않아 무너질 것이다. 질주를 멈출 수 없기 때문이다. 문제는 그다음이다.

이대로 무너지고 마는 것일까 생각하다 역사에서 희망을 하나 보았다. 변화 뒤에는 항상 준비된 소수가 존재했다는 사실이다. 역사가 강자나 승자에 의해 쓰이는 듯 보이지만 실은 숨어서 준비해온 소수가 움직여왔다. 아놀드 토인비도 '창조적 소수creative minority'라는 용어로 표현하지 않았는가? 세상은 그렇게 이동한다.

그 희망이 20, 30대 청년들이라는 데에 생각이 미쳤다. 질주를 멈출 수 없다면 방법은 청년들이 스스로 빠져나오는 수밖에 없다. 서서히 차선을 바꾸고 질주하는 무리로부터 이탈해야 한다. 그리고 새로운 흐름에 따라 다른 방향으로 달려가야 한다.

부모 세대는 좀처럼 바뀌지 않는다. 기존 관념과 방식에 너무 익숙해져 있기 때문이다. 그들은 산업화시대의 주역이었고, 우리 사회를 이만큼 만들어놓은 공로는 인정받아야 한다. 이젠 자녀 세대인 20, 30대가 그 바통을 이어받아 다른 방향, 다른 방식으로 이어 달려야 할 때다. 부모에게서 바통을 받으라. 안 주겠다고 버티면 뺏으라. 그리고 벗어나라.

우리 사회의 모든 문제 원인의 핵심은 야생성 상실에 있다고 생각한다. 산업문명이 만들어놓은 제도와 틀 안에 안주하면서 그것이 인생 불변의 법칙이라고 착각하고 있다. 이 단단한 콘크리트를 깨뜨리지 않으면 우리 사회의 미래는 보장받지 못한다.

청춘은 활활 타오르는 시기다. 그런데 우리네 교육이란 것이, 제도와 매뉴얼이, 기득권층의 철밥통이 그 불길을 억압하고 있다. 청춘들은 그것에 속아 꿈틀대는 생명의 에너지를 누리지 못하고 삶을 허비하고 있다. 낭떠러지에 다다를 시간이 얼마 남지 않았는데, 역사의 순환은 어김없이 진행되고 있는데 집단 사고의 늪에서 헤어 나오지 못한다. 마음이 초조하다.

야野한 청년들이 곳곳에 불을 지르면서 뛰어다니는 사회가 되어야 한다. 더 이상 어른들 말이나 잘 듣는 범생이로 머물러서는 안 된다. '차카게' 살지 말고 '아카게' 살고, 레밍 대열에서 뛰쳐나와 거친 야생으로의 엑소더스exodus가 일어나야 한다. 어릴 적부터 어른들이 머릿속에 쑤셔 넣었던 유통기한 지난 무용지식obsoledge, 쓰레기 지식은 물론, 소인배 같은 효율성이나 강조하던 천박한 성공학 공식도 씻어버려야 한다. 부모를 믿어서도, 학교나 기업, 정부 등 기존 사회의 틀에 기대서도 안 된다. 그 틀들은 곧 무너질 것이다.

지금 청년들이 왜 하필 이런 때에 태어나서 살아가야 하는지에 대한 역사의식도 가져야 한다. 그것이 이 땅에 와서 살다 가는 이 시대 청춘들의 존재 이유다.

이 글은 나의 세 자녀에게 해주고 싶었던 말이기도 하다. 인생은 누구도 모른다. 누구에게나 인생은 초행길이기 때문이다. 그럼에도 내가 이 책을 쓴 이유는 좋은 스펙으로 청년 시절을 지내다 야생으로 뛰쳐나가, 짧지 않은 시간 사업의 어려움을 겪으면서 깨달은 나의 작은 생각을 들려주고 싶어서다. 진정으로 잘 산다는 것, 성공적인 인생이란 이런 것이구나 하는 깨달음을 말이다.

유효기간이 길지 않은 스펙, 돈, 지위 등에 생명력을 빼앗겨서는 안 된다. 생명은 그렇게 시시한 것이 아니다.

내 안의 생명력을 얼마나 강렬하게 느끼고 그것을 발현하며 살아

가느냐가 참된 성공의 기준이고, 그런 야성의 시간만이 진정으로 살아 있는 삶으로 인정받는다는 지혜를 체득하기까지 많은 시간과 비용을 지불해야 했다. 남들의 시선에 아랑곳하지 않고 내가 좋아하는 일을 하면서, 결과에 상관없이 나에게 주어진 길을 걸어가는 삶, 그것이 성공이고 우리가 진심으로 욕심내야 할 삶의 목표다.

내 아이들이, 이 시대의 20, 30대가 내 한 몸 잘 먹고 잘 살다가 가는 비겁한 청춘이 아니었으면 좋겠다. 공동체를 생각하고 함께 역사를 이어가려는 의식을 가졌으면 좋겠다. 그래서 이 책을 통해 개인의 삶뿐 아니라 우리 사회의 문제점과 처방전도 함께 고민하고 싶었다.

야해야 청춘이다.

레밍 대열 안에서 소속감에 만족하고 스펙에 안주하고 있다가는 개인도 나라도 큰일 난다. 아프다고 주저앉아 있어서는 힐링도 되지 않는다. 거친 야생이 당장은 위험하고 힘들어 보여도 거기에 문제의 해결책이 있으며, 보물이 숨겨져 있다.

보물찾기 모험을 함께 떠나보지 않겠는가?

끼

너는 한 번이라도
청춘이었던 적이 있는가

"우리 사회가 야생성을 되찾지 못하면 우리의 미래는
참담할 것이다. 야野한 청년들이 살아나야 한다.
죽었던 시인들이 돌아오고,
진정한 어른들의 목소리가 들려와야 한다."

$$\cdot$$

부모를
믿지 마세요

,

어떤 강연에서 들은 이야기다. 대학에 입학해서 철학개론 첫 수업에 들어갔는데 교수가 이런 말로 강의를 시작하더란다.

"오늘 당장 네 부모가 친부모인지부터 확인해봐라. 당연한 것을 의심하는 것, 그것이 철학의 시작이다."

우리 사회에 이렇게 야野한 교수가 많아졌으면 좋겠다.

성년식은 야한 짓이다

우리 사회의 큰 문제점 중 하나가 성년식이 사라진 것이라고 생각한다. 성년식은커녕 성인이 되어서도 부모의 울타리를 벗어나지 못하고 홀로 서지 못하는 청년들이 많다. 정신적으로나 경제적으로 독립하지 못한 것이다.

성년식은 사람이 반드시 거쳐야 할 중요한 통과의례 중 하나다. 어린아이에서 성숙한 어른이 된다는 것은 개인적으로나 사회적으로 큰 의미를 갖기 때문에 종족에 따라 차이가 있기는 하지만 성년식은 대체로 매우 통과하기 어려운 시험을 거치거나 극도의 공포를 극복하는 과정을 겪게 한다.

사나운 맹수와 싸우는 시험을 거쳐야 하는 종족도 있고, 며칠을 홀로 산속에서 지내야 성년으로 인정하는 종족도 있다. 번지점프도 어느 부족의 성년식에서 유래했다고 한다. 높은 곳에 올라가서 죽음을 각오하고 아래로 몸을 던지는 용기를 보는 것이다. 또 바다에 혼자 배를 타고 나가 상어를 잡아 와야 성인으로 인정하는 부족도 있다. 자칫하면 죽거나 평생을 불구로 살아가야 할 수도 있는데 말이다. 신체 일부에 고통스러운 상해를 입히는 성년식도 있다. 이를 뽑는다든지 문신을 새긴다든지 하는 것이다. 저러다 죽으면 어떡하려고, 아니 장애가 생기기라도 하면 남은 인생을 어떻게 살라고 저런 위험한 짓을 시키나 싶을 정도다.

성년식에 참여하는 청년도 청년이지만 부모 입장에서 생각해보면 안쓰럽기 짝이 없는 일이다. 굳이 그렇게까지 할 필요가 있을까 싶은 생각도 든다. 그러나 고통의 성년식을 거치지 않고는 사회가 건강하게 유지될 수 없고, 통과의례를 거치지 않으면 새로운 차원으로 들어갈 수 없는 것이 세상의 이치다. 고난과 두려움을 통과하지 않고 편안하게만 살아온 사람들은 나이가 들어도 유치한 상태에서 벗어나지 못한다. 마음속 아이inner child가 평생 따라다니며 삶을 망치는 것이다.

우리나라 부모들은 어릴 적부터 과잉보호를 하다가 자녀가 성인이 돼도 뇌주질 못한다. 자신이 낳은 자식이라도 때가 되면 놓아야 하는데, 놓는 연습을 하지 못한 탓에 아이를 품 안에 가두고 있다. 성년식은 언감생심이다.

성년식을 거치지 않은 사람은 육체적으로 성인이 되어도 정신적으로는 어린아이 상태로 남아 있게 된다. 애벌레가 고치를 깨고 나와야 나비가 되어 세상을 날아다닐 수 있는데, 고치를 깨는 것이 아프고 고통스럽다고 성년식을 치르지 않으면 불행하게도 평생을 어둡고 음습한 고치 안에서 지내야 하는 것이다.

어느 곤충학자가 애벌레가 고치를 깨고 나오는 장면을 관찰하다가 그 모습이 너무 안쓰러워서 핀셋으로 구멍을 살짝 벌려줬다. 그 사이로 나비가 빠져나와 날개를 펼치는 듯했다. 그런데 문제가 생겼다. 나비가 날지 못하는 것이었다. 힘들더라도 스스로 고치를 깨고 나와야 날개에 힘도 생기고 새로운 세상에서 살아갈 수 있는 노하우가 생기는 것이 자연의 이치인데, 그가 선의로 베푼 도움 탓에 날지 못하는 나비가 되어버렸다.

지금 당장 고통스럽다고 성년식을 건너뛴다면 청년은 평생을 날지 못하는 나비로 살아갈 수밖에 없다. 그것은 어떤 장애보다 더 불쌍한 일, 부모가 자녀를 장애인으로 만들고 있는 셈이다.

부모는 이기적이다

절대 부모를 믿어서는 안 된다. 일단 부모를 의심해봐야 한다. 높고 높은 하늘보다 더 높은 어버이 사랑, 자식을 위해서라면 자신의 목숨도 아낌없이 버릴 수 있는 거룩한 부모의 사랑을 의심한다는 것은 지금까지 생각지 못한 일일 것이다.

어렸을 때 부모님으로부터 이런 얘기를 많이 들었을 것이다.

"이게 어디 나 좋자고 하는 거니? 다 너 위해 그러는 거지."

이 말은 진심이다. 자식을 위해서라면 모든 걸 다 주고 자식이 아파하면 본인이 아플 때보다 더 미치도록 쓰라린 것이 부모 마음이다. 그래서 자신을 희생해서라도 자식만큼은 고생하지 않고 편한 삶을 살게 해주고 싶은 것이 이 세상 모든 부모의 공통된 본능이다.

더구나 부모의 사랑은 말로만 하는 것이 아니라 삶으로 보여주기에 무게가 실린다. 진정성이 있는 것이다. 더 많이 사랑하는 사람이 이기는 법이다. 그러다 보니 자식들은 부모의 절대적인 사랑이라는 명분 앞에서 주눅이 든다. 부모 의견이 틀렸다고 생각하면서도 자신이 부모님을 사랑하는 것보다 부모님이 나를 사랑하는 마음이 더 크기에 거역하지 못한다.

이러한 부모의 사랑에도 불편한 진실이 숨어 있다. 부모는 이기적이라는 것이다. 나도 부모가 되고 나서야 깨달았다. 자식을 위한다고 생각했지만 실제로는 자식을 통해 나의 욕심을 채우려는 경우가 많았다.

자녀가 일류 대학, 신의 직장, 남 부러워하는 결혼 하면 누가 제일 좋아하는가? 부모다. 자신의 삶이 자녀를 통해 완성되기 때문이다. 몸속에 있는 이기적 유전자에 자신도 모르게 조종당하는 것이다.

'이기적 유전자'the selfish gene는 생물학자인 리처드 도킨스가 쓴 표현으로, 인간의 유전자에는 자기 유전자를 퍼뜨리고 더 좋은 유전자를 남기려는 이기적인 본능이 내재해 있다고 지적한다. 누구를 사랑하는 것이 이타적인 행위 같아 보이지만 실제로는 내가 만족하기 위해 우리 몸속에 있는 이기적 유전자가 작동하는 것이다. 부모가 자식에게 더 좋은 삶, 더 좋은 환경을 물려주려는 것은 자식에게 들어가 있는 자기 유전자가 후세로 갈수록 더 번성하기를 바라는 종족보전본능 때문일 수도 있다.

그러다 보니 부모의 사랑은 균형 감각을 잃고 맹목적으로 흐르기도 한다. 한쪽으로 치우친 맹목적 사랑이 과잉보호로 이어지고 결국에는 자식을 망가뜨리는 경우를 많이 본다. 부모들이 진정성은 있어도 방법을 모르는 것이다.

특히나 지금 20, 30대 청년들은 부모의 과잉보호를 받고 자라온 세대다. 그들이 태어난 1970년대 후반에서 1990년대 초반은 우리나라 경제가 어두운 터널을 빠져나와 초고속으로 성장하던 시기였다. 가난했던 1950~1960년대에는 매일 끼니를 잇는 것이 걱정이었고, 대개 집안 형편 때문에 대학을 가고 싶어도 갈 수 없었다. 여기에 한이 맺힌 부모 세대는 자기 자식만큼은 배부르게 먹이고 최고의 교육을 받게 하고 싶었다. 그 반작용이 과잉보호라는 형태로 나타났다.

그런데 그것이 도를 지나치면서 경쟁 양상을 띠었다. 레밍처럼 남들이 뛰니까 덩달아 뛰고, 어디로 가는지 왜 뛰는지 영문도 모르고 달렸다. 자녀들도 부모가 뛰라니까 의심 없이 열심히 달려왔다.

그 결과 심각한 부작용이 나타나고 있다. 청년들은 스스로 할 수 있는 일이 별로 없다. 중고등학교 시절 학원이나 과외로 내몰리면서 주도적으로 공부하는 방법을 훈련받지 못해 성인이 돼서도 스스로 학습하지 못한다. 뭘 하나 배우려면 학원부터 끊고 본다. 그래서 노량진이나 강남역 부근은 외국어와 자격증 공부를 하려는 학생들로 넘쳐난다.

의사결정 능력도 어린 시절부터 훈련되어야 하는데, 부모가 다 결정하고 알아서 해주다 보니 스스로 찾아보고 문제를 해결하는 능력이 훼손되었다. 뭔가 새로운 것을 찾아 경험하고 자신이 주도적으로 이끌어가는 삶을 누리지 못한다.

직장도 부모가 찾아준다니, 정말 심각한 지경이다. 우리 사회에는 성인이 되어서도 헬리콥터처럼 맴도는 부모의 영향력에서 벗어나지 못하는 청년이 생각보다 많다. 야성을 잃어버리고 고분고분 순응하는 것은 듣기만 하여도 가슴 설레는 청춘의 모습이 아니다. 그런 청년에게서 무슨 심장의 고동을 듣고 청춘의 끓는 피를 느낄 수 있겠는가?

부모들의 책임이 크다. 이 악순환이 계속된다면 우리 사회의 미래는 불 보듯 뻔하다. 얼굴은 죽어 있고 어깨가 축 처진 좀비들로 가득 찬 사회로 변할 것이다.

왜 부자들은 모두 알바를 했을까?

부모를 떠나는 것이 성년식의 시작이다. 부모를 떠난다는 것은 결코 낭만적이거나 감상적인 얘기가 아니다. '개고생'을 감수한다는 의미다. 먼저 부모님에게 용돈을 받지 말라. 등록금도 스스로 벌어서 쓰라. 경제적으로 홀로 서지 못하면 정신적으로도 독립하지 못한다.

이것은 현실적이지 않은 얘기다. 부모로부터 돈을 받지 않고 혼자 벌어서 등록금 내고 자기 용돈까지 충당하기란 우리나라 현실에선 불가능에 가까운 일이다. 알바를 구하기도 쉽지 않지만 혹 끊임없이 알바를 한다고 해도 한 달에 88만 원 이상 벌기는 산술적으로 불가능하다. 그 돈으로는 등록금을 내기에도 터무니없이 부족하다.

어떤 학생들은 알바를 하느니 차라리 그 시간에 공부해서 장학금을 받는 것이 낫다고 생각하기도 한다. 그러나 그것은 좁은 생각이다. 공부란 책으로 하는 것이 아니라 몸으로 하는 것이다. 청년 시절 돈을 벌어보는 것은 책상에 앉아 책만 보는 것보다 훨씬 더 훌륭한 공부다. 그리고 그렇게 한 사람이 나중에는 성공한다.

마케팅 컨설턴트인 제프리 J. 폭스는 『왜 부자들은 모두 신문배달을 했을까』라는 책에서 성공한 부자들의 공통점을 지적한다. 워렌 버핏, 잭 웰치, 월트 디즈니, 샘 월튼 등 미국의 억만장자들은 거의 모두 어릴 때 혹은 처음 일을 시작하거나 재기를 노릴 때 신문 배달을 했다는 것이다. 그건 앞으로 부자가 되려는 사람이나 비즈니스할 사람에게 해당하는 얘기지 선생님이나 연구자가 되려는 사람은 경우가 다르지 않느냐고 반문할 수도 있다. 아니, 다르지 않다. 세상을 모르고 사람들과 부대끼지 않고 연구실 안에서만 하는 연구는 현실적이지 못한, 이론적이고 개념적인 연구로 흐를 수밖에 없다.

아인슈타인이 상대성 원리를 발견할 수 있었던 것은 특허청 말단 직원으로 일했던 경험 덕분이라는 것은 잘 알려진 사실이다. 특허청에 신청하는 많은 프로젝트를 보면서 특허를 내려는 사람들과 많은 대화를 했던 경험이 시간과 공간에 대한 통찰력을 갖게 했던 것이다. 연구 엘리트들은 기술만 생각하지 이처럼 현실적이고 철학적인 생각은 하지 못한다. 상대성 원리는 과학과 인문의 융합에서 나온 작품이다.

청년 시절에 돈을 벌어본다는 것은 무엇과도 바꿀 수 없는 귀한 경험이다. 편의점 알바를 하면 수많은 사람들을 만날 수 있고 그들과 대화하며 이 세상에는 참으로 다양하고 나와는 생각이 다른 사람들이 많다는 것을 체득할 수 있다. 그건 책이나 학교, 학원에서는 결코 배울 수 없는 귀한 경험이다.

그뿐 아니다. 알바는 세일즈 경험을 해볼 수 있는 기회다. 세일즈는 사업뿐 아니라 사회 모든 분야에서 중요한 덕목이다. 세일즈란 물건 파는 것만을 의미하지 않는다. 우는 아기 달래는 것도 세일즈다. 애가 오줌을 싸서 우는 건지 배고파서 우는 건지를 알아내 편안하게 만들어주려면 상대방의 문제점을 파악해서 해결해주는 세일즈 감각이 있어야 한다. 자녀 교육에도 세일즈 능력이 필요한 것이다.

　미래학자 다니엘 핑크는 『파는 것이 인간이다』에서 "옛날에 일부 사람들만 세일즈를 했다. 매일 그들은 물건을 팔고, 우리는 그 물건을 사며 모든 이들이 행복했다. 어느 날 모든 게 바뀌었다. 누구나 세일즈를 하게 되었고……. 세일즈는 우리 존재의 일부이고, 따라서 보다 더 인간다울수록 더 잘할 수 있는 것이다"다니엘 핑크, 김명철 옮김, 『파는 것이 인간이다』, 청림출판, 2013라며 세일즈가 삶의 기본적인 양식이 될 거라고 강조한다. 조만간 '왜 부자들은 모두 편의점 알바를 했을까'라는 책이 나올지도 모를 일이다.

　청년들은 흔히 편하고 시급 높은 알바를 선호하며 편의점이나 음식점, 주유소처럼 몸을 써야 하는 알바는 급이 낮다고 생각하는 경향이 있다. 어떤 알바도 하찮게 생각하지 말라. 하찮은 생각이 있을 뿐, 하찮은 일은 없다.

내 아들이 건너는 세상

부모에게 재정적인 지원을 받지 않고 홀로 선다는 것은 처음에는 답이 안 나오는 일이다. 그러나 일단 몸을 던져보라. 새로운 길이 보이고 생각지 못했던 신기한 일이 벌어질 것이다. 해보지도 않고 안 될 거라고 생각하는 것은 지혜롭지 않다. 꼭 알바만 있는 것은 아니다. 청년 창업을 고려해볼 수도 있다. 인터넷과 모바일을 활용한다면 적은 투자로도 큰 레버리지^{leverage}를 거둘 수 있다.(이에 대해서는 3장에서 상세히 다룰 것이다.)

그래도 등록금이 부족하다면 때로 휴학을 할 수도 있다. 당장은 속상하고 남들보다 늦어지는 것 같아도 결국은 더 좋은 결과를 낳는다. 근시안에서 벗어나라. 그리고 도전하라. 특히 남자들에게는 군대가 성년식이 될 수 있다. 요령 피우기보다 당당하게 맞서라. 그것이 청춘의 품격이다.

경제적으로 독립 운동을 시작하면 정신적으로도 변화가 찾아온다. 어린 시절 어른들에게 강요받았던 고정관념으로부터 자유로워지는 것이다. 또 잠재해 있는 열등감과 트라우마를 극복하고 상처를 치유할 수 있다.

지금 청년들의 머릿속은 왜곡된 세계관과 소인배적 효율성의 잔꾀, 참을 수 없이 가벼운 성공학들이 만들어낸 세속적인 가치관으로 채워져 있다. 이는 어른들의 잘못이다. 그뿐 아니다. 중고등학교 시절 수능 때문에 공부했던 쓸모없는 지식의 조각들로 가득하다.

요즘 우리 사회의 세태를 보면 야생성을 상실했다는 느낌을 지울 수 없다. 청년들이 깡다구가 없다. 동물원에 있는, 길들여진 동물같이 주는 밥이나 받아먹고 울타리 안에 안주하려고 한다. 조그만 위험도 감수하려 하지 않고 고생스러운 일은 회피한다. 자신만의 이야기를 만드는 데에 시간을 투자하지 않고 스펙 쌓는 데에만 열중한다. 도전? 창조? 그런 건 그저 좋은 얘기일 뿐이다.

언젠가 이향아 시인의 시 「내 아들이 건너는 세상」을 읽으며 공감되면서도 참으로 마음이 아팠다.

제 집에선 죽이 끓는지 밥이 끓는지 모르면서

나라를 걱정하고 민족을 건지려던 옛날의 영웅,

태평하게 거문고로 방아 찧는 소리나 내던 한심한 선비,

그들은 오래전에 죽고 없다.

먼 바다 파도와 싸워 태산 같은 물고기를 잡아,

앙상한 뼈만 싣고 돌아온 남자,

그 우렁찬 남자도 요즘 소설에는 없다.

(…)

내 아들이 건너야 할 걱정스러운 세상,

내 아들의 청춘이 걱정스러운 세상.

동물원 동물들은 결코 행복하지 않다. 우리 사회가 야생성을 되찾지 못하면 우리의 미래는 참담할 것이다. 야野한 청년들이 살아나야 한다. 죽었던 시인들이 돌아오고, 진정한 어른들의 목소리가 들려와야 한다.

부모를 의심하라. 오늘 당장 부모를 떠나라. 그것이 바로 청춘의 시작이다.

방황하라,
융합에 길이 있다

태풍이 불지 않으면 바닷물이 썩는다

요즘 청년들은 꿈이 없다는 얘기들을 많이 한다. 실제로 만나보면 자신이 대체 누군지 모르겠다고 눈물을 글썽이는 학생도 있다. 어느 교수에게서 전공을 잘못 정한 것 같다고 후회하는 학생의 비율이 90퍼센트가 넘는다는 얘기를 들은 적이 있다. 일단 대학에 들어가는 게 중요하니까 진로와는 상관없이 과를 정했기 때문이리라.

이런 청년들을 보면서 사람들은 꿈도 없고 목표도 정하지 못한 채 방황하고 있다고 눈총을 준다. 꿈은 잠잘 때 꿀 수 있는데, 청년들에게 언제 잠잘 시간을 줘본 적이 있는가? 자신에 대해 생각하고 내면의 소리를 들을 시간이 있었는가?

대학 들어와서는 어떤가. 스펙 쌓으려면 학점 좋아야지, 어학연수도 갔다 와야지, 별 쓸모도 없을 것 같은 자격증도 일단은 따놓고 봐야지, 공모에도 열심히 참여해서 이력서 한 줄 더 만들어놔야지. 이렇게 정신없이 사는데 꿈꿀 여유가 어디 있겠는가. 레밍처럼 열심히만 뛰면서 한편으로는 방황하고 있다.

대학을 졸업한 청년들의 상황도 슬프다. 어른들 말만 믿고 공부 열심히 해서 대학 졸업하고 스펙 쌓으면 연봉 빵빵한 직장에 좋은 혼처까지 걱정 없을 줄 알았는데, 자신이 누구인지 무엇을 해야 하는지 몰라 방황하는 잉여가 넘쳐난다. 이러한 공허감과 절망감을 누가 치유해줄 수 있을까?

괜찮다. 오히려 마음껏 방황해야 한다.

인간이 기계도 아닌데 어떻게 공식대로 살 수 있겠는가? 젊을 때 비전을 확고히 하고 목표를 향해 달려가야 한다고 주장하는 것은 진짜 인생을 살아보지 못한 사람들이나 하는 얘기다. 청년 시절 고민하고 뒹굴어도 보고 절망감도 느끼고 해야 생명의 깊은 맛을 느낄 수 있다. 오히려 더 빨리 방황했어야 했다. 10대 때 충분히 방황해야 했는데 수능이 삶을 방해했다.

삶이란 방황의 연속이다. 살다 보면 길을 잃기도 하고 홀로 헤매다 극도의 두려움에 싸이기도 한다. 잘 만들어진 길을 순탄하게 걸어가길 바라겠지만 굴곡 없는 인생 없고, 혹 있다 쳐도 그런 삶은 재미없다. 놀이공원에 자유이용권 끊고 들어가서 롤러코스터 같은 놀이기구가 위험하다고 동물이나 구경하고 회전목마만 타고 나오는 사람은 별로 없다. 그것은 돈 아까운 일이다. 만일 자녀가 그렇게 한다면 부모는 다음에는 놀이공원에 보내주지 않을지도 모른다.

살다 보면 힘든 때를 만난다. 모든 삶이 롤러코스터처럼 오르막과 내리막을 거듭한다. 순풍과 역풍 그리고 태풍은 인생의 순환 법칙이다. 태풍을 피하고 싶겠지만 이치가 그렇지 않다. 태풍이 불지 않으면 바닷물이 썩는다.

나중에 신이 세상에 나가서 뭐하고 왔느냐고 물을 때 다른 건 위험할 것 같아서 회전목마만 타고 왔다고 대답한다면, 인생의 자유이용권이 얼마나 아깝겠는가.

불편함의 미학

방황은 필수과목이다. 청년 시절에 방황하지 않으면 나이 들어서 두고 두고 고생한다. 어른이 되어서도 마음의 구멍 같은 것이 약점으로 남아 있기 때문이다. 젊어서 해보지 못한 것이 평생 트라우마로 남을 수도 있다. 또 내면에 성인아이가 남아 있어 철없는 사람으로 낙인찍힌 채 살아가야 할지도 모른다.

우리는 육체적 장애는 두려워하면서 정신적 장애에는 무관심하다. 보이지 않기 때문이다. 그러나 정신적 장애는 사회생활에서, 또 가정생활에서 치명적인 문제를 일으킨다는 것을 기억해야 한다.

전공 책을 집어던지고 소설에 빠지는 것도 괜찮다. 무슨 말인지 모르는 어려운 책 대신 만화를 집어 들어도 좋다. 갑자기 여행을 떠나보면 어떨까? 그레고리 번스는 『상식파괴자』에서 "여행은 강력한 효과를 낸다. 생전 처음 가보는 지역에 도착했을 때, 우리의 두뇌는 새로운 카테고리를 구성해내느라 분주히 움직인다. 그렇게 새로운 이미지로 다양한 조합을 만들어가는 동안 오랜 생각이 새롭게 연결되기 시작한다" 그레고리 번스, 김정미 옮김, 『상식파괴자』, 비즈니스맵, 2010라며 여행을 많이 해보라고 권유한다.

여행을 하다 보면 내가 얼마나 작은 사람인지 깨닫고, 어떤 상황이 닥쳤을 때 뭘 어떻게 해야 하는지 체득할 수 있다. 여행은 불편한 일이다. 씻는 것도 불편하고 잠자리도 불편하고. 그러나 불편함은 새로운 창조의 시작이다. 여행을 자주 하라. 인증샷 찍어 오는 여행 말고 오지 탐험이나 온몸으로 부딪치며 체험하는 여행이 더 많은 것을 가르쳐준다. 가능하면 많은 사람들을 만나는 것이 좋다. 사람들과 부딪혀야 불편해지기 때문이다. 다른 방면의 사람들과 만나는 기회를 많이 만들어야 한다.

이렇듯 자신을 자꾸 불편하게 만들고 낯선 길을 헤매는 것은 상식을 깨뜨림으로써 창의성을 키우고 객관적인 나를 발견할 수 있는 좋은 방법이다. 방황은 젊음의 특권이다. 권리를 누리지 못하는 건 바보 같은 짓이다.

방황이 인문이다

"밤 새워 울어보지 않은 사람과는 인생을 논하지 말라"라는 말이 있다. 이 말을 좀 바꾸면 밤 새워 울어보지 않은 사람은 인문人文을 모른다고 표현할 수 있겠다.

요즘 인문학이 주목받고 있다. 인문과 기술의 융합이니 인문에서 경영의 지혜를 배운다느니 하는 말들이 회자되면서, 인문학 공부 열풍도 분다.

반가운 일이다. 그러나 고전을 읽고 인문학 강의를 듣는다고 인문적인 삶을 살 수 있는 것은 아니다. 나는 인문학이란 말은 어폐가 있다고 생각한다. 인문은 학문이 아니기 때문이다. 인문은 책으로 공부하는 것이 아니라 몸으로 살아내는 것이다. 인생에 대해 고민하고 나의 실존과 치열하게 싸워보지 않은 사람은 아무리 인문학에 통달했다 하더라도 인문적인 발상을 할 수 없다.

기술과 인문학의 교차는 스티브 잡스가 아이패드 신제품을 발표하는 자리에서 꺼낸 화두였다. 그 이후 대한민국은 인문학으로 온통 들끓었다. 스티브 잡스가 인문학을 공부한 사람인가? 그는 자신의 정체성으로 혼란을 겪던 사람이었다. 사생아로 태어나 양부모 손에 자라면서 자신의 뿌리와 삶에 대해 고민하고 방황했을 것이다. 리드칼리지에 입학하지만 양부모의 수입이 고스란히 자신의 대학등록금으로 들어간다는 사실을 알고는 미련 없이 자퇴해버렸다고 한다. 홀로서기에 들어간 것이다.

그가 스탠퍼드대 졸업식 연설에서 밝혔듯이 공병을 주워 생계를 이었고 점심 한 끼 얻어먹으려고 수십 마일 떨어진 교회에 걸어서 갔다. 대학을 중퇴하면서 그는 길을 잃었다. 그러나 그 방황이 훗날 애플의 영광을 만들어냈다.

방황이 인문이다.

인문이란 삶과 사람을 사랑하는 것이다. 승자의 관점에서가 아니라 패자의 관점에서, 주류의 논리가 아니라 비주류의 논리로 이 세상을 볼 수 있어야 진짜 사랑을 할 수 있다. 궁궐 안에서만 살아온 왕자와 거지가 되어본 왕자 중 누가 훌륭한 왕이 될 수 있겠는가?

길을 잃는다는 것은 두려운 일이다. 넓은 사막에 아무도 없이 혼자 있다고 상상해보라. 깊은 밤 산속에서 홀로 밤을 새워야 한다고 생각해보라. 그 공포는 삶을 포기하고 싶을 만큼 위협적이다. 그러나 그것을 극복해야 다른 세상으로 들어갈 수 있다. 그 세상에서 새로운 사람들도 만나고 새로운 경험도 해볼 수 있다. 길이 없으면 길을 만들어야 하고, 그러다 보면 길 잃은 공포를 이겨내는 지혜를 터득할 수 있고, 그래야 진정한 어른으로 거듭날 수 있다.

인문과 기술의 융합 문제도 마찬가지다. 인문학자들과 과학자들을 한자리에 모아 토론하게 한다고 융합이 일어날 것 같은가? 아마 그들을 한자리에 모아놓으면 서로 딴소리만 할 것이다. 애플이 아이폰을 만들기 전에 인문학자들의 조언을 들었을까? 인문학 전공자들에게 소프트웨어를 가르친다고 융합이 될 수 있을까? 융합은 그렇게 일어나는 것이 아니다. 젊은 시절 방황해보고 사고도 쳐본 사람이 인문적인 융합을 할 수 있다.

그러므로 방황하라.

청년 시절에 길을 잃는 경험을 수도 없이 해봐야 한다. 나이 들고 부양할 가족이 생기면 하고 싶어도 할 수 없다. 모든 것에는 때가 있는 법이다. 고속도로에서 잠깐 벗어나라. 스펙 쌓는 것을 잠깐 멈춰라. 멈춰 서면 비로소 보이는 것들이 생긴다.

거인환상에 빠진 당신에게

장자가 어느 날 꿈을 꾸었다. 자신이 나비가 되어 꽃과 꽃 사이를 훨훨 날아다니는 꿈이었다. 잠에서 깬 장자는 문득 이런 의문이 들었다. "내가 나비의 꿈을 꾼 것인가, 아니면 원래 나는 나비이고 지금 사람으로 살아가는 이 세상이 꿈속인가?" 유명한 『장자』의 '호접몽胡蝶夢' 이야기다.

꿈은 이 세상과 너머의 세상을 연결해주는 매개체다. 많은 사람들이 꿈을 해석하려 하는 것도 꿈 너머 세상을 알고 싶어서이고, 깜깜한 밤하늘에 더 큰 세상이 보이듯이 잠자면서 꾸는 꿈을 통해 꿈 너머의 더 큰 세상을 볼 수 있다. 꿈을 꾼다는 것은 이렇듯 즐거운 일이다. 그렇기에 다양하게 부딪치고 경험하면서 이런저런 꿈을 꿔봐야 한다.

"청년들이여 꿈을 가져라, 비전을 품고 정진하라!" 이제 이런 웅변의 유통기한은 지났다. 젊은 시절에 자신의 목표를 분명히 세운 사람이 성공할 확률이 더 높다는 치졸한 성공학 논리에도 마음을 빼앗기지 말라.

나도 대학에 입학하고 나서 짧지 않은 방황의 시간이 있었다. 당시 사회 분위기 탓도 있었겠지만 개인적인 삶에 대한 고민 때문이었다. 공부도 싫고 나 자신도 싫었다. 그러다 보니 의욕도 없고 학교도 잘 가지 않고 겉으로만 돌았다. 그때 터닝포인트가 되었던 강의가 있었다. 강의 첫 시간에 교수님이 모든 사람들은 거인환상을 가지고 살아간다고 말하며 수업을 시작하는데, '거인환상'이라는 단어가 마음 깊숙이 들어왔다.

사람들은 누구나 자신이 거인이라고 착각하며 산다는 것이다. 사람의 삶이란 죽을 때까지 거인환상을 조금씩 없애가는 과정이며, 교수님 자신도 여전히 거인환상을 극복하기 위해 노력하고 있다는 말을 덧붙였다. 나이 많은 교수님의 그 말에 얼마나 인간적으로 끌렸던지…….

당시 나로선 교수님 나이쯤 되면 방황할 일도 없고 목표도 분명해지고 모든 생각이 정리될 줄 알았는데, 교수님이 여전히 고민하고 방황하며 거인환상에서 자유롭지 못하다는 고백(?)을 한 것이다. 그 말이 내게는 위안이 되었고, 마음을 다잡은 계기가 됐다.

사람들은 누구나 거인환상으로부터 자유롭지 못하다. 소인국을 여행하는 걸리버가 느끼는 세계관을 가지고 살아가고, 그러다 보니 자기 중심적으로 생각하는 경향이 있다. 나는 맞고 다른 사람은 틀리다는 편견과 독선에 젖게 된다.

그래서 세상을 바꿔야겠다고 생각한다. 혈기왕성한 젊은 시절에는 두 주먹 불끈 쥐고 이것이 자신의 사명이요, 비전이라고 생각하며 뛰어다닌다. 그러다 나이 들면서 점점 뭔가 어긋나기 시작하는 것을 느낀다. "그건 네 생각이고," 이 세상이 내 중심으로 돌아가는 것이 아니라 내가 세상을 중심으로 돌고 있다는 사실을 깨닫게 되는 것이다.

결국 변화란 세상을 바꾸는 것이 아니라 '나'의 관점이 바뀌는 것. 내 생각과 시각을 바꾸면 변화된 세상이 눈에 들어온다. 이렇듯 젊을 때는 인류를 위해 세상을 바꾸겠다고 돌아다니다가, 점점 나이가 들면서 자기 자신도 바꾸기 어렵다는 사실을 깨닫는 것이 우리네 삶의 모습이다.

아직 세상을 별로 경험해보지 못한 청년들이 어떻게 자신의 꿈을 정할 수 있겠는가? 그것은 오히려 사고를 경직시킬 수 있다. 청년 시절에는 다양한 꿈을 꾸는 것이 더 중요하다. 꿈꾸는 것은 그 자체로 재미있는 일인데 강요하니까 스트레스가 되는 것이다.

매일 똑같은 꿈을 꾸는 사람은 없다. 방황해봐야 다양한 경험을 하고 많은 꿈을 꿀 수 있다. 그리고 그 꿈을 통해 꿈 너머의 새로운 세상을 상상할 수 있다.

한 우물만 열심히 파지 말라

산업시대에서 지식정보시대로 이행하면서 전문가의 개념이 달라지고 있다. 전에는 한 우물만 열심히 파는 사람을 전문가라 불렀지만 이제 사회는 점점 융합형 전문가를 요구한다. 융합형 전문가란 자신의 분야에 대한 깊이 있는 지식을 다른 분야와 조합할 수 있는 능력을 갖춘 사람을 의미한다.

창의성이란 이 세상에 존재하지 않던 무엇을 뚝딱 만들어내는 것이 아니라, 이미 존재하고 있는 것들을 이전에는 시도하지 않았던 방식으로 조합하는 능력을 의미한다. 하버드대의 한 연구 프로젝트에서 이런 결론을 내렸다.

"혁신가들의 특징은 자유로운 상상을 통해 외형상 서로 관련 없어 보이는 사물을 연관 짓는 능력에 있다."

이것이 융합형 전문가의 개념이다. 진화는 돌연변이에서 나오고, 혁신은 이종교배에서 싹튼다. 산업시대에는 자신의 전공만 열심히 하면 전문가로 인정받았지만 이젠 이종교배할 수 있는 능력이 필요한 시대가 된 것이다.

그러기 위해서는 자기 전공 분야뿐 아니라 다른 분야에도 폭넓은 이해와 관심이 필요하다. 일본의 토요타사는 그것을 T자형 인재라고 표현했다. T자의 수직 막대는 자신의 전공 분야에 대한 깊이 있는 전문성, 수평 막대는 다양한 분야에 대한 통섭을 상징한다.

• 너는 한 번이라도 청춘이었던 적이 있는가

그런데 흔히들 융합형 인재에 대해 오해하고 있는 점이 있다. 여러 전공을 공부해야 한다고 생각하는 것이다. 최근 몇십 년 사이에 만들어진 지식의 양이 과거 수백 년 동안 쌓인 양보다 훨씬 많다 보니 한 분야만 파기에도 시간이 부족하다. 또 대학 들어갈 때 배웠던 지식이 졸업할 때쯤이면 낡은 지식이 될 만큼 변화 속도가 빠르다. 이런 상황에서 여러 전공을 섭렵한다는 것은 쉽지 않고 효용성도 크지 않다.

해야 할 것은 공부가 아니라 경험이다. 많은 경험을 하기 위해서는 방황해야 하고 매일 다른 꿈을 꿔야 한다. 일주일에 한 번은 외계인外界人과 점심 먹는 습관을 들여라. 울타리 안에 머물지 말고 울타리를 깨고 나가 새로운 세상을 온몸으로 부딪치며 경험해야 하는 것이다.

21세기 창의성 있는 융합형 인재의 아이콘으로 인정받는 스티브 잡스가 전자공학과 인문학을 복수 전공했는가? 복수 전공은커녕 대학도 졸업하지 않았다. 그는 많은 방황과 경험과 상상을 했던 사람이다. 마크 주커버그가 페이스북을 만들었던 것은 친구들끼리 할 수 있는 이상형 올림픽같이 재미있는 프로그램을 만들어볼까 하는 아주 단순한 동기에서 시작했다.

내가 무엇을 재미있어 하는지, 내가 진정 무엇을 원하는지 내면의 소리에 귀 기울여라. 그리고 그 일을 지금 당장 시작하라. 그러다 보면 방황이 시작된다. 방황하면서 상상하고 꿈을 꾸라. 거기에 야野한 융합형 청춘이 되는 길이 있다.

바보,
문제는 대학이야

이상한 정답

미국 대학 총장들을 대상으로 대학에서 없애야 할 1순위가 뭐라고 생각하는지 설문을 했다. 1위는 다름 아닌 '학과'였다. 전공이 없어져야 한다고 답한 것이다. 학문 간의 경계가 허물어지는 융합과 통섭의 시대, 학과나 전공이라는 벽은 대학뿐 아니라 사회의 발전을 저해하는 공공의 적이 되고 있다.

그렇다면 우리 사회의 미래를 위해서 없애야 할 1순위는 무엇일까? 나는 주저 없이 대학이라고 대답한다. 우리 사회 모든 문제의 진원지가 대학이기 때문이다. 대학입학시험인 수능은 우리 교육을 비정상적으로 변질시키고 있다. 그뿐 아니다. 자라나는 학생들의 인성을 파괴하고 공부에 대한 야성을 거세한다. 거기에 쏟아 붓는 사회 비용은 1년에 수십조 원에 이른다. 돈은 돈대로 잡아먹으면서 사회를 망가뜨리는 주범이 바로 수능인 셈이다.

몇 년 전, 한 신문에 재미있는 기사가 실렸다. 수능 모의고사에 단골로 등장하는 최승호 시인의 쓴소리였다. 시험 문제가 "다음 중 시인의 의도와 다른 것은?"이었는데, 자신의 시에 관한 문제를 본인이 풀어봤더니 틀렸다는 것이다. 정작 시를 쓴 시인과 교육부가 요구하는 답이 다르다니 이러한 코미디가 세상 또 어디에 있을까?

그는 이렇게 말한다.

"작가의 의도를 묻는 문제를 진짜 작가가 모른다면 누가 아는 건지 참 미스터리다."

『나의 문화유산답사기』의 작가 유홍준 교수도 비슷한 말을 한다. 그의 글이 교과서에 나오는데, 자신의 문장을 놓고 학교에서는 만연체냐 단순체냐 화려체냐 하면서 별 쓸데없는 것을 따진다는 것이다. 또 자신의 글이 지문으로 나온 모의고사 문제를 풀어봤는데, 그 역시 틀렸단다. "무엇무엇이 아닌 것은?" "이 글에 대해 잘못 기술한 것은?" 등으로 이상하게 비비 꼬아놨기 때문이다. 이어령 교수도 만일 지금 자신에게 서울대 논술 시험을 보라 한다면 붙을 자신 없다고 일침을 가했다.

이런 걸로 학생들의 지식수준을 측정하는 것도 웃기지만, 이런 문제 한두 개 더 맞고 틀리고의 차이로 몇 등급이 왔다 갔다 해서 '하늘^{SKY}'에서 땅끝까지 오르락내리락하다니 대한민국 수능제도는 미친 게 아닐까? 입학사정관 제도? 그 기준도 오락가락한다. 한 인간을 평가하기란 그리 만만한 일이 아니다.

거기서 끝나지 않는다. 수능 점수 몇 점 차이 때문에 어느 대학 나왔느냐가 평생 꼬리표처럼 따라다닌다. 출신 대학에 따라 신분이 나뉘는 셈이다. 청년들은 '루저'니 뭐니 하면서 자괴감에 빠져 방향을 잃고 헤매고 있다. 이대로 가다간 우리나라, 망한다. 정말 시일야방성대곡是日夜放聲大哭하고 싶은 심정이다.

10년 뒤, 대학은 없다

'학교'라는 교육 시스템은 산업사회의 산물이다. 산업화의 대량 패러다임이 교육에 적용된 것이다. 다시 말해 산업사회로 이행하는 과정에서 대량생산을 위해 기업이라는 전문 생산 조직이 만들어졌듯이, 대량 교육의 필요성에 따라 만들어진 시스템이 학교라는 제도다. 이 대량 교육의 중심은 정부였다.

산업사회 이전에는 상위 신분의 계급만이 교육을 받을 수 있었다. 그러나 근대 들어 서구에서 밀려온 평등과 민주주의의 물결은 모든 사람이 교육받을 수 있는 권리를 요구했고, 대량 교육이라는 목표를 달성하기 위한 가장 효율적인 시스템이 바로 학교였다.

학교는 산업사회 인력의 원천으로, 산업사회에 나가 일할 수 있는 인재를 준비시켜서 공급해주었다. 우리나라에도 20세기 들어 서구의 학교 시스템이 정착했고, 이 제도는 우리나라를 근대화하고 업그레이드하는 데 혁혁한 공을 세웠다. 기업과 사회단체들은 인재를 찾기 위해 학교를 찾았고, 학교는 산업사회가 요구하는 인재를 키우는 사회적 기능을 잘 수행해왔다. 그러면서 학교는 전성기를 맞을 수 있었다.

그러나 산업사회의 수명이 다해가고 지식정보사회로 이행하면서 학교라는 교육 시스템도 일대 혁신이 필요한 시점이 되었다. 요즘 시대에 대학이 꼭 필요할까? 스탄 데이비스와 짐 보트킨이 '하버드 비즈니스 리뷰'에 기고한 「지식 기반 사업의 도래」라는 논문에서 농경시대에는 여덟 살 무렵부터 열두 살까지 학습을 했고 마을 공동체가 교육의 중심 역할을 담당하다가, 산업시대로 바뀌면서 여섯 살에서 스물네 살까지로 연장되었고 정부 등의 공공 부문이 중심에 서는 변화가 있었음을 지적했다. 그러나 지식정보시대로 가면서는 학습 연령이 앞뒤로 더 연장되어 평생 교육이 될 것이며, 교육의 중심 역할도 정부로부터 지식 기반 경제에 필요한 변화를 만들기 시작한 민간 부문으로 이동할 것이라고 예견하고 있다.

"공립 및 사립학교 시스템은 학교 시스템 밖에서 진화되고 있는 학습의 변모에 뒤처지고 있다. 20, 30년 뒤에는 민간 부문이 우리의 지배적 교육기관으로서의 공공 부문을 잠식할 것이다."

앨빈 토플러 역시 『부의 미래』에서 현재의 학교라는 교육 시스템에 대해 비판적인 속내를 내비친다. 사회변혁을 주도하는 기업이나 사업체가 시속 100마일로 질주한다고 치면 학교는 몇 마일의 속도로 달리고 있다고 생각하는지 묻는다. 시속 몇 마일쯤이라고 생각하는가?

답은 시속 10마일이다. 그리고 그는 학교가 공장에서 제품을 대량 생산해내듯이 학생들을 규격화하고, 관료적으로 관리되는 강력한 교원 노조와 정치인들의 보호를 받다 보니 혁신되지 않는다면서 다음과 같이 학교의 문제점을 지적한다.

"교육적인 실험들이 늘어나고 있음에도 불구하고 미국 공교육의 핵심 부문은 여전히 산업시대에 걸맞게 만들어진 공장식 학교로 남아 있다. 10마일로 기어가는 교육체계가 100마일로 달리는 기업에 취업하려는 학생들을 준비시킬 수 있겠는가?"앨빈 토플러, 김중웅 옮김, 『부의 미래』, 청림출판, 2006

세상은 빠른 속도로 변하고 있는데, 학교의 변화 속도는 고작 10분의 1밖에 안 된다고 꼬집고 있는 것이다. 학교는 아직도 대량 교육 패러다임에서 벗어나지 못한 채 복제 인간을 찍어내는 공장 수준에서 업그레이드하지 못하고 있다. 변화의 소용돌이 속에서 사회문제의 진원지가 되어가는 4년제 대학이 과연 존재의 이유가 있을까?

현대 경영학의 대부라 불리는 피터 드러커도 1997년 〈포브스〉와의 인터뷰에서 "30년 뒤 대학 캠퍼스는 유적지로 남을 것이다. 오늘과 같은 대학은 더 이상 존재하지 않을 것이며, 이것은 우리가 최초로 인쇄된 책을 만났던 것과 같은 큰 변화일 것이다"라고 이야기한 적이 있다. 그의 예측이 숫자까지도 정확하다면 현재 모습의 대학 수명은 10년 남짓 남았을 뿐이다.

● 너는 한 번이라도 청춘이었던 적이 있는가

실제로 대학 강의를 들을 수 있는 사이트가 많아지고 있을 뿐 아니라 유튜브나 교육 사이트, 방송국 사이트 등에 가면 세계 유수 대학 강의보다 더 나은 강의를 들을 수 있다. 또한 인터넷 검색으로 숨은 고수들의 살아 있는 집단 지성을 얻을 수 있는 시대가 되었다. 모든 것이 네트워크로 연결되는 사회구조로 변했기 때문이다.

대학은 학문을 박제화하면서 학생들의 야생성과 창의성을 없애고 있다. 대기업이 요구하는 스펙 만들기에 여념이 없고, 학벌을 계급화하고 지식을 권력화하는 데에 일익을 담당하는 신세로 전락해버렸다. 대학 입시는 초중고 교육을 피폐하게 만들고, 거기에 낭비되는 사회적 비용은 실로 엄청나다. 이것이 상아탑을 허물어야 하는 이유다.

조선 말, 성균관과 과거제도를 폐지해야 한다는 여론이 높았던 것은 사회에 공헌하기보다 그 폐해가 더 컸기 때문이다. 산업시대, 대학은 근대 교육의 산실로 사회 발전에 큰 기여를 해왔지만, 새로운 환경에의 적합성을 잃는다면 그 존재의 이유가 없어질 것이다.

모든 대학을 서울대로 만드는 방법

갑자기 대학을 없애는 것이 너무 과격하고, 아직 대안이 없는 터라 시기상조라 생각한다면 다른 방법이 있다. 많은 학생들이 서울대 가고 싶어서 수능에 목매는 거니까 모든 대학을 서울대로 만들면 된다. 이 무슨 전체주의식 발상이냐고 반문할지 모르겠지만, 인터넷 환경은 그것을 가능하게 한다.

1990년대 초 확산되기 시작한 인터넷은 이전에 익숙했던 세상과는 다른, 이상한 나라의 토끼굴 같은 것이다. 앨리스가 토끼굴에 빠지면서 이상한 나라를 여행하게 되었듯이, 온 세상 사람들이 인터넷이라는 토끼굴에 빠지면서 새로운 세상으로 들어서게 되었다. 그러면서 인류의 삶의 방식도 달라지기 시작했다.

인터넷이 뭐길래 이렇듯 세상이 바뀌었는가? 인터넷이 인류의 생활양식을 바꿀 수 있는 힘은 어디서 나오는가? 그것은 시간과 공간의 재구성 능력에서 나온다. 즉, 세상 모든 사람들과 자원들을 하이퍼링크함으로써 시간과 공간의 경계를 허물어버린 것이다. 공간적으로는 지구 반대편에 있는 사람과도 인터넷에서 동시간대에 만날 수 있고, 시간도 얼마든지 동기화synchronization할 수 있다. 사회 모든 분야에서 경계가 허물어지는 융합convergence이 일어나는 원인도 바로 여기에 있다.

이 원리를 이해한다면 모든 대학을 서울대로 만들 수 있다. 서울대의 담벼락이 허물어질 수 있는 것이다. 왜 서울대에는 성적 좋은 학생들만 모여서 공부해야 하는가? 그렇게 해서 얻어지는 사회적 이익이 사회적 손실보다 큰가? 전혀 그렇지 않다.

우수반과 열등반으로 나누어 공부하는 방식은 수능에는 도움이 될지 모르지만 사회에서는 정반대다. 공부머리 있는 학생들만 모여서 공부해서는 창의적인 융합이 일어나지 않는다. 그런 학생들의 머리에서

● 너는 한 번이라도 청춘이었던 적이 있는가

는 비슷한 발상만 나온다. 공부머리 있는 학생과 사업머리 좋은 학생들이 만나야 하고, 공부머리는 없지만 엉뚱한 발상을 하는 학생들과도 함께 토론해봐야 한다. 전교 1등과 꼴등이 함께 생활할 수 있는 환경도 만들어져야 한다. 융합은 그런 데서 나온다.

서울대가 명문인 것이 서울대 교수들이 다른 대학 교수들보다 우수해서인가? 다른 대학에도 명교수들이 많다. 서울대 학생들은 왜 서울대 교수 강의만 들어야 하는가? 국내외 명강의를 수강할 수 있는 인프라는 이미 구축되어 있다. 미국에는 묵MOOC, Massive Open Online Course이라는 대규모 공개 온라인 강좌가 개설되어 있고, 스탠퍼드나 MIT 같은 미국 명문대들은 묵을 이수해도 학점으로 인정한다. 이러한 변화의 물결은 계속 퍼져나가고 있다.

왜 꼭 대학 교수의 강의만 들어야 하는가? 교수보다 야생성이 살아 있는 고수들이 우리 사회 곳곳에 있다. 학문이라는 틀에 갇혀서 이론적인 교과서만 읽어주는 교수보다 현실적인 삶을 열강하는 고수들의 강의가 훨씬 값지다.

그 많은 학생들을 어떻게 관리하느냐고? 활용할 수 있는 강의실은 수도 없이 많고, 우리나라에 대학 시간강사 자리를 얻으려고 줄 서 있는 수많은 박사들이 있지 않은가. 그들을 지도 교수로 쓰면 된다. 그러면 대학등록금이 반값이 아니라 10분의 1 수준으로 떨어질 수 있다.

연암의 야성을 배운다

지금 20, 30대 청년들은 한국 교육 암흑기의 피해자들이라 할 수 있다. 기성세대로서 청년들에게 이런 얘기를 한다는 사실이 미안하고 면목 없지만 어른들을 탓하고 있을 시간이 없다. 용서하라. 그리고 지식의 야성을 회복하려고 노력하라.

한때 연암 박지원의 매력에 빠진 적이 있었다. 18세기 조선 사회의 허상을 안타까워하는 그의 글을 읽으면서 매우 공감했기 때문이다. 연암은 큰 벼슬을 하거나 출세한 사람이 아니다. 어릴 적부터 천재적인 기질이 있었지만 과거 시험도 거부했고, 뜻 맞는 친구들과 어울려 다니면서 밤새 술이나 퍼마시던 한량 스타일이었다. 한마디로 자유로운 영혼이었다고 할 수 있겠다.

그의 팔촌 형인 박명원의 수행 비서로 북경을 다녀오면서 쓴 『열하일기』로 후세에 알려졌지만, 당시로서는 너무 파격적이었던 그의 문체는 불순한 잡문체로 여겨져 정조에게 반성문까지 제출해야 했다. 그것이 정조의 문체반정운동이다. 전통적인 고문체를 문장의 모범으로 삼게 한 것이다.

당시 조선은 닫혀 있었고, 지식은 딱딱해져가고 있었다. 조선은 미개한 오랑캐로 치부했던 여진족이 세운 청淸을 배척하고, 전통 유학의 정통성에만 매달렸다. 18세기 당시 세계 최고의 부자 나라였던 청나라는 문물이 한창 발달하는데 조선은 과거 패러다임에만 머물러 유학

의 지식이 박제화되고 있었던 것이다. 그러면서 모범 답안을 작성해야
붙을 수 있는 과거제도를 폐지하자는 주장이 나오고 기존 지식의 틀을
깨려는 움직임이 생겨났다.

그러한 가운데에서도 연암의 사상은 자유롭고 틀을 넘나드는 대인
의 면모가 빛났다. 연암은 당시 지식이 딱딱해져가는 것을 까마귀에
비유한다.

왜 까마귀가 까맣다고 해야 모범 답안이냐는 말이다. 까마귀를 희다
고 하면 왜 틀리냐는 것이다. 색은 우리 마음이 정한 것일 뿐인데 모범
답안이 어디 있느냐는 항변이다. 연암은 여기서 한걸음 더 치고 나아
가 물이 검은색일 수도 있다고 말한다. "물은 검기 때문에 사물을 비출
수가 있고, 옻칠도 검기 때문에 거울처럼 비추어 볼 수 있다."

지금도 가장 흠모하는 사상가를 꼽으라면 주저 없이 연암이라고 말
한다. 그의 사상과 창의성, 상상력, 과감히 틀을 부수는 발상의 전환은

18세기 조선에만 필요했던 것이 아니라 21세기 우리 상황에도 참으로 적절하다. 학교에서 가르치는 지식은 박제되어가고, 수능과 고시, 자격증 같은 시험 제도는 지식의 야성을 거세하고 있다. 인간이 나이 들어 몸이 딱딱하게 굳어가면 곧 수명이 다하게 되듯이, 역사를 되돌아볼 때 몰락하는 사회의 공통된 징조는 생각이 고정화되고 지식이 굳는 것이다. 연암[1737~1805]의 사후 100년, 조선은 몰락했다.

생각이 이에 미치면 마음이 조급해진다. 지식의 열정과 공부의 낭만이 사라진 지 오래, 학교에서는 화석화된 이론의 조각들을 가르치고 각종 고시와 자격증 공부는 매뉴얼화되어버렸다. 인터넷에 온갖 정보가 넘쳐나고 하루에도 수많은 책들이 쏟아져 나오면서 사람들은 과거보다 더 많은 지식을 얻었다고 착각하지만 헛배가 불러가고 눈높이, 귀높이만 높아져갈 뿐이다.

이제 우리 사회의 주인공은 청년들이다. 때를 잘못 타고 태어났다고 원망하면서 주저앉아 있지 말라. 그건 어린아이 같은 태도다. 이젠 성인이 아닌가? 용서하고 저항하라. 지금의 위기를 이겨나가는 것이 20, 30대 청년들에게 주어진 역사적 사명일지도 모른다.

왓슨을
이겨라

외계인의 침공이 다가온다

2011년 초 미국 ABC의 37년 최장수 퀴즈쇼인 〈제퍼디!$^{Jeopardy!}$〉 왕중왕 전에서 미스터 왓슨$^{Mr.\ Watson}$이 전설적인 퀴즈왕들을 물리치고 우승을 차지했다는 보도가 화제가 되었다. 그것도 압도적인 차이로 말이다. 그런데 왓슨은 사람 이름이 아니라 IBM이 개발한 인공지능$^{AI,\ Artificial\ Intelligence}$ 컴퓨터의 이름이다. 컴퓨터가 2명의 인간과의 대결에서 일방적으로 이긴 것이다.(왓슨 : 켄 제닝스 : 브래드 루터 = 77000달러 : 24000달러 : 21000달러)

1997년 IBM이 만든 딥블루$^{Deep\ Blue}$가 당시 세계 체스 챔피언이었던 게리 카스파로프를 이긴 적이 있지만, 왓슨이 이 퀴즈쇼에서 우승했다는 것은 좀 다른 차원의 문제다.

지금까지는 컴퓨터가 방대한 정보를 저장하고 분석하는 정도였지만, 이제는 인간의 언어를 알아듣고 스스로 학습하고 지식을 재구성하여 퀴즈 문제의 숨은 의도까지 파악하고 인간의 언어로 대답하는 능력을 갖추어간다는 점에서 충격이었다. 농담, 속어, 비꼬는 말까지 알아듣고 거기에 적합한 답을 도출해내는 모습은 섬뜩할 정도다.

인공지능 컴퓨터는 지금도 계속해서 진화하고 점점 더 스마트해지고 있다. 과학 전문지 〈뉴사이언티스트〉는 빅 데이터 인공지능을 취재하면서 "인간은 완전히 새로운 형태의 인공지능을 창조했다. 그것이 어떻게 생각하고 추론하는지를 인간은 헤아릴 수 없다"2013년 8월 8일자라고 보도했다.

이게 무슨 말인가? 과거에는 인간이 컴퓨터를 조작했는데, 이제는 인공지능 컴퓨터가 스스로 엄청난 양의 빅 데이터를 모으고 극도로 복잡한 통계분석을 직접 수행하기 때문에 그 로직과 프로세스를 인간이 이해할 수 없다는 것이다. 인간이 만든 컴퓨터가 인간을 앞지르고 있는 것이다.

이미 왓슨은 의사 대신 의료 부문에 투입되고, 조사와 통계분석 등의 분야에서 인간보다 월등한 능력을 보이고 있다. 멀지 않은 장래에 의료, 법률, 경제경영 등의 많은 분야에서 현재 지식노동자들이 하고 있는 일들을 인공지능 로봇이 대체하리라는 것은 명약관화하다. 힘으로 인간이 사자를 당할 수 없고 우사인 볼트도 말과의 달리기 시합에서는 이길 수 없듯이, 자료를 모으고 그것들을 재구성하는 일들은 앞으로 인공지능 컴퓨터의 몫이 될 것이다.

인공지능이 어떤 식으로 진화할지는 정확히 예측하기 어렵다. 그러나 인공지능이 인간세계를 지배하게 되리라는 공상과학소설은 허황되지만은 않다. 어쩌면 외계인을 우리 내부에서 키우고 있는지도 모를 일이다. 이것은 먼 미래의 이야기가 아니라 눈앞에 닥친 현실이다.

똑똑해서는 못 이긴다

농경사회에서 산업사회로 이행되면서 지식노동자들이 부상하기 시작했다. 이전에 대접받았던 육체노동자들의 노동을 기계가 대체했고, 기업이라는 전문 생산 조직체가 만들어지면서 기업을 경영할 수 있는 지식이 필요했기 때문이다. 그런데 정보혁명은 지식노동자들조차 필요 없게 만들고 있고, 이에 청년실업률은 갈수록 높아질 수밖에 없다.

이것이 청년들의 도전 과제다. 사회는 점점 똑똑한 사람보다 창조적인 인재를 원하고 있다. 똑똑하기로는 왓슨을 이길 수 없기 때문이다. 그런데도 우리는 여전히 많은 지식을 주입하는 것이 교육이라고 생각하는 원초적 착각에 빠져 있다.

이제는 경쟁 상대가 내 옆에 있는 친구들이 아니라 인공지능 컴퓨터다. 어떻게 왓슨을 이길 수 있을까? 경쟁 우위점은 창의성밖에 없다. 엉뚱한 조합과 상상력은 감성과 영성을 가진 인간의 영역이기 때문이다.

그렇지만 우리 현실은 너무나 동떨어져 있다. 세상 변화의 축과 우리 교육의 방향성이 어긋나 있는 것이다. 아직도 우리 교육은 왓슨의 아류를 대량생산하는 데 여념이 없다. 미래연구가들은 이구동성으로 지금과 같은 교육 시스템으로는 절대 안 된다고 열변을 토한다. 지식을 복제하는 교육 방식, 시대 변화를 반영하지 못하는 커리큘럼으로는 우리의 미래를 보장받을 수 없다.

지금의 20, 30대 청년들은 아주 전형적인 산업화시대의 공장 같은 교육 시스템의 희생양이다. 어릴 적부터 강요받아온 성공관과 인생관, 가치관에 깊이 물들어 있다. 이 먹물을 빼지 않으면 미래사회에 적응하기 어렵다. 얼마 지나지 않아 인간들이 왓슨이 CEO인 회사에 다녀야 할지도 모른다. 외계인은 화성에서 침공해오는 게 아니라 우리 바로 옆에서 이런 방식으로 올 수 있다. 심상치 않은 일이다.

그런데도 기득권층은 그동안 만들어놓은 틀에서 벗어나지 않으려고, 안주하려고만 하고 있다. 공들여 쌓은 탑이 무너질까 노심초사한다. 이 철밥통은 웬만한 충격에는 깨지지 않는다. 미래 얘기는 말로만 할 뿐, 당장 뭘 먹을까 어디서 살까 눈앞의 이利를 좇는 데 정신이 팔려 있다. 그것이 다음 세대에, 또 후손들에게 어떤 재앙으로 이어질지에 대한 어떤 역사의식도 가지고 있지 않다. 이것이 대한민국의 현주소다.

죽은 지식의 노예들

이제 지식의 개념이 바뀌어야 한다. 지식이란 무엇을 알고 모르고의 문제가 아니다. 지식은 소유의 차원이 아니라는 말이다. 그런 소유형 지식으로는 절대 왓슨을 이길 수 없다.

에리히 프롬은 『소유냐 삶이냐』에서 "인간은 자신의 지식을 비워버려야만 한다"라는 말의 의미는 알고 있는 '것'을 잊어버려야 한다는 뜻이 아니라, 알고 있다는 '사실 자체'를 잊어버려야 한다는 마이스터 에크하르트[1260?~1327]의 글을 인용한다. 그러면서 소유 양식의 지식은 도그마 성질을 띠게 되어 인간을 소외시키고 노예로 전락케 할 것이기에, 지식을 우리에게 안정감을 주고 우리가 그 속에서 안정감을 얻는 하나의 소유물로 보아서는 안 된다는 점을 강조한다.

> 우리는 지식으로 '충만'되어서는 안 되고, 지식에 매이거나 지식을 갈구해서도 안 된다……. 인간은 내적으로뿐만 아니라 외적으로도 '자신의' 모든 소유물과 '자신의' 일체의 행동으로부터 완전히 자유로워야 한다.
>
> _ 에리히 프롬, 정성환 옮김, 『소유냐 삶이냐』, 홍신문화사, 2000

그의 예측은 날카로웠다. 에리히 프롬[1900~1980]이 활동하던 20세기는 전 세계적으로 산업화가 무르익고 전쟁의 충돌이 끊이지 않았다. 그는 경제적으로 성공했던 산업문명의 특징은 소유 양식이고, 종국에는 인간의 자유를 속박해서 노예로 전락하게 할 것임을 이미 간파하고 있었던 것이다.

산업문명에서 필요했고 각광받던 지식의 개념은 지식정보사회로 이행하면서 위험한 사상이 되어가고 있다. 과거 지식의 관념에 그대로 머물러 있다가는 타자화他者化된 인간의 삶은 소외되고, 인간은 인공지능 로봇의 노예가 될 수도 있기 때문이다.

원래 지식이란 느끼고 생각하는 삶 자체다. 프롬의 표현대로 "지식은 확실성을 찾아내기 위해 결코 멈출 수 없는 날카로운 사고 활동"인 것이다. 여기에는 시작도 끝도 있을 수 없다. 공부도 그러하다. 대부분의 사람들은 공부 하면 책부터 연상하지만, 책은 공부의 한 도구일 뿐이다. 우리가 매 순간 들이마셨다 내뱉었다 호흡을 쉬지 않듯이 공부도 그렇게 하는 것이다. 길거리에 있는 나무도, 만나는 사람들도, 인터넷도, 텔레비전도, 여행도, 알바도, 책도 모두 우리의 교과서가 될 수 있다.

소유형 지식이란 다른 말로 하면 박제화된 학문을 의미한다. 그것은 죽은 공부다. 특히 20, 30대 청년들은 죽은 공부의 과잉 교육 피해자다. 우리 교육의 문제점은 너무 많은 것을 가르친다는 점이다. 사회에 나가서는 쓸모도 없는 지식의 쓰레기obsoledge들을 머릿속에 쑤셔 넣고 있다. 그런 공부 하느라 학생들은 스트레스를 받고 인성은 파괴되고 야생성은 거세된다.

거기에 들어가는 사회 비용은 1년에 수십조 원에 이른다. 문제는 지

● 너는 한 번이라도 청춘이었던 적이 있는가

식 조각을 주입할 때보다 지식 쓰레기를 버리는 데에 돈이 더 많이 든
다는 점이다. 어쩌면 돈만으로는 머리를 씻어내지 못할지도 모른다. 더
큰 사회 비용을 지불해야 할 수도 있다. 이것은 재앙이다.

책은 찌꺼기다

중국 춘추시대 춘추오패의 하나였던 제齊나라 16대 군주인 환공桓公이
당상에서 책을 읽고 있었다. 늙은 목수 윤편輪扁이 수레바퀴를 깎다가
환공을 쳐다보며 묻는다.

"감히 말씀 여쭙겠습니다만 전하께서 읽고 계시는 책은 무슨 책입
니까?"

"성인聖人의 말씀이라네."

"그 성인이 지금 살아 계십니까?"

"벌써 돌아가셨지."

"그렇다면 전하께서 읽고 계신 책은 옛사람의 찌꺼기군요."

당황한 환공이 호통을 쳤다.

"아니, 일개 목수 주제에 성인의 책을 찌꺼기라 하다니, 해명하지 못
하면 목숨을 잃을 줄 알라."

늙은 목수가 담담하게 대답한다.

"제 자신의 경험에서 그렇게 생각했을 뿐입니다. 제가 만드는 수레

바퀴는 너무 꼭 끼게 하면 잘 돌아가지 않고, 너무 느슨하면 겉돕니다. 꼭 끼지도 않고 너무 느슨하지도 않고, 손에도 마음에도 딱 맞는 그 정도를 맞추는 요령은 도저히 말로는 표현할 수 없습니다. 제 아들에게도 그것을 가르칠 수가 없어 이 나이가 되도록 직접 수레바퀴를 만들고 있는 것입니다. 그 성인이라는 분도 돌아가시기 전에 진정 말하지 못한 게 있지 않을까 생각합니다. 그래서 그 책에 쓰여 있는 것은 성인의 찌꺼기라고 말한 것입니다.”

『장자』「천도天道」편에 실려 있는 이야기다.

늙은 목수에게는 ‘책은 찌꺼기다’라고 당당히 말할 수 있는 깡이 있었다. 그러한 야생성은 어디서 나오는 것일까? 삶을 관념적으로 살지 않고 실제로 부딪치며 살아온 경륜에서 나왔을 것이다.

집을 그려보라 하면 대부분의 사람들은 지붕부터 그려 내려온다. 그런데 밑에서부터 그리는 사람이 있다. 실제로 집을 지어본 경험이 있는 사람이다. 건축은 기초를 먼저 다지고 기둥을 세우고 지붕은 맨 마지막에 얹는 것이다.

우리는 집 짓는 방법을 배운 것이 아니라 집을 그리는 기술만 배워왔다. 학교교육은 물론, 책에서 얘기하는 것들도 삶의 무게가 실리지 않은 내용이 많다. 실제 몸으로 살아보고 생명을 느끼며 사는 사람은 비록 배움이 짧다 해도 체화한 삶의 지혜를 가지고 있기에 가치 있다.

지식의 종말이 시작되었다

우리는 지금까지 집 그리는 기술을 배우는 데 시간을 허비해왔다. 삶이 무엇인지 생각해볼 겨를도 없이 수능에, 자격증에, 입사에, 저 높은 곳을 향해 무작정 달리기만 했다. 또 사회적 자원을 소유형 지식인을 양산하는 데 소비해왔다.

청춘들이 불쌍하다. 그렇게 공부해서 의사가 되면 나중에 왓슨에게 매스 집어 주는 역할밖에 못한다. 수많은 임상 사례들의 빅 데이터를 순식간에 돌려 진단과 처방을 하는 왓슨을 어떻게 당하겠는가. 왓슨을 이기려면 인간의 감정과 심리를 읽을 줄 알아야 하고 영성도 있어야 한다. 의학서만 열심히 공부해서는 절대 왓슨을 이길 수 없다. 인문의 중요성이 강조되는 이유도 여기에 있다.

판검사, 변호사 역시 마찬가지다. 재판 과정에서 판사가 하는 역할은 법리적 판단이 대부분이다. 그런 건 수많은 판례를 순식간에 분석해서 법리적으로 해석할 수 있는 왓슨을 당할 수 없다. 사건 조사와 분석 능력에서도 매한가지다. 사람들이 왓슨 변호사만 찾을지도 모른다. 퀴즈에서 사람을 이겼듯이 상대방이 꼼짝 못하도록 자료를 제시하며 변론에서 이길 수 있기 때문이다. 전 세계 데이터가 온라인화되고 네트워크로 연결되는 세상이 왔음을 직시해야 한다.

교수도 예외가 아니다. 인공지능 왓슨은 박사 학위를 수도 없이 가질 수 있다. 빅 데이터도 빛의 속도로 분석해내는데 그 정도가 문제겠는가? 똑똑하기로는 상대가 안 된다. 강의도 잘하느냐고? 교과서 펴놓고 그냥 읽어 내리는 교수보다는 훨씬 낫다. 인공지능의 발전 속도는 놀랍다. 여러 강사들의 강의와 그 피드백을 분석해가며 강의 기술도 학습할 수 있다. 재미있는 농담도 섞어가며 강의하는 왓슨이 나올 수도 있는 것이다.

경영 분야에는 이미 오래전부터 컴퓨터가 깊숙이 들어와 있다. 컴퓨터가 인공지능으로 진화하면서 더 깊숙이 침투할 것이고, 앞으로는 의사결정과정, 전략 수립에서도 최적의 솔루션을 제공하는 기능까지 담당하게 될 것이다.

사회 모든 분야에서 이러한 혁명이 시작되었다. 혁명革命이란 명, 즉 운명이 바뀐다는 의미를 내포하고 있다. 세상의 흐름은 물론, 인간의 운명도 순식간에 뒤바뀔 수 있다.

죽은 공부는 후세까지 죽인다

어느 글을 읽다가 눈에 확 띄는 문구가 있었다.

"사람들은 욕심으로 자신을 죽이고, 재물로 자손을 죽이고, 정치로 백성을 죽이고, 학술로 천하 후세를 죽인다."

북송北宋 말 유변공이라는 사람이 한 말이다. 여러 차례 황제의 부름에 응하지 않아 고상高尙이라는 호를 내렸다고 하니 유변공의 의연한

• 너는 한 번이라도 청춘이었던 적이 있는가

기개와 치열한 시대정신을 짐작할 만하다.

"학술로 천하 후세를 죽인다"라는 글귀가 계속 마음에 맴돌았다. 욕심, 재물, 정치로는 기껏해야 자신의 가족과 당대를 망가뜨릴 뿐이지만, 학문과 지식의 폐해는 훨씬 더 오래가고 파괴력도 어마어마하다는 말이다. 화석화되고 틀에 갇힌 지식, 그릇된 신념은 도그마가 되어 현재의 나와 사회를 위험하게 만들 뿐 아니라 천하 후세까지도 파멸로 몰아넣을 수 있는 것이다. 이 글귀가 마음에 남았던 것은 요즘 우리 사회의 현실과 비슷해서다.

죽은 공부가 얼마나 무서운가를 몸서리쳐질 정도로 깨달아야 한다. 그것으로는 왓슨을 이기지 못한다. 왓슨을 지배하고 조절할 수 있는 메타^{meta} 지식이 요구되는 시대다. 메타, 즉 초월적 지식의 세계로 가려면 창의성과 상상력이 필요하다. 그것은 감성, 영성, 꿈, 인문 등의 원료가 융합되어야 하는 것이다.

책을 집어던지라. 남의 찌꺼기를 읽으려 하지 말고 스스로 저자가 되라. 학교에서 가르치는 것들도 믿지 말라. 청춘들이 도전하고 발광해야 한다.

왓슨은 무서운 속도로 진화하고 있는데, 시간이 많지 않은데, 우리는 어디로 달려가고 있는 것인가?

응답하라
2030

,

'응사'에 응답한 이유

1994년은 우리나라 1인당 국민소득이 1만 달러 고지를 넘어간 해, 1990년대 중반은 우리 사회에 변화가 잉태되던 시기였다. 개인용컴퓨터 보급률이 높아지면서 서서히 사람들이 인터넷 세상으로 들어가게 되었고, 삐삐 대신 휴대폰 사용자가 늘어나기 시작했다.

인터넷 종주국인 미국도 시차가 크지 않다. 1989년 CERN^{유럽입자물리학연구소}의 연구원이었던 팀 버너스 리가 하이퍼텍스트를 전송 규약으로 정하자고 주창한 이후, 웹브라우저 모자이크를 계승한 넷스케이프가 대박을 친 것이 1994년이었다. 야후, 아마존, 이베이 등이 창업한 때도 윈도우95 출시 시점과 비슷하다. 이렇듯 1990년대 중반은 변화의 변곡점이었다.

너는 한 번이라도 청춘이었던 적이 있는가

그 후 20년이 흘렀다. 세상은 참으로 많이 변했다. 웹은 무서운 속도로 진화하면서 웹2.0을 거쳐 웹3.0 시대로 들어서고, 본격적인 모바일 시대가 열리면서 인류의 생활양식은 물론 세계관, 가치관 등이 달라지고 있다. 어디 그뿐인가? 비즈니스 지형도가 판이하게 달라지고 한편에서는 융합이 일어나면서 생산양식, 커뮤니케이션 양태 등에도 대전환이 일어나고 있다.

드라마 〈응답하라 1994〉에 사람들이 연령대에 상관없이 응답했던 것은 캐릭터들이 재미있기도 했지만 근원적으로는 변화에 대한 우리 사회의 집단 무의식이 작동했기 때문은 아닐까? 20년이라는 세월을, 그것도 인류 역사상 유례가 없을 만큼 매우 짧은 시간에 과격하게 일어난 변화를 단속적으로 잘라 보는 데서 느끼는 노스탤지어가 우리 마음에 있는 것 같다. 정말 그렇다. 지금까지 지구에 와서 살다 간 사람들 중에서 우리처럼 자기 생애 이런 획기적인 전환을 경험한 인류는 없을 것이다.

연속적인 시간의 흐름 속에서는 변화가 잘 느껴지지 않는다. 그런데 시간을 뚝 잘라놓고 보면 변화가 실감된다. 이런 생각을 해보자.

지구가 자전과 공전을 하고 있다는 사실은 다 알고 있다. 그런데 속도를 따져보면 평소에는 느끼지 못했던 무서운 생각이 파고든다. 지구의 자전 속도는 시속 약 1600킬로미터라고 한다. 생각해보면 류현진 선수가 던지는 강속구의 10배에 해당하는 빠르기다. 하기야 하루에 한 번 돌아오려면 그 정도 속도는 돼야 할 것이다. 내가 지금 그런 속도로 돌고 있다니? 더 기막힌 것은 지구가 태양 궤도를 도는 공전 속도다. 초속 약 30킬로미터, 즉 서울에서 수원까지 1초 만에 갈 수 있는 속도라는 것이다. 이것은 빛의 속도의 1만 분의 1이다. 그 정도 빠르기라면 지구 밖에서 지구를 보면 육안으로는 안 보일 수도 있다.

우리가 엄청난 속도로 돌면서 달리고 있는 것이다. 그런데도 전혀 어지러움을 못 느끼는 것은, 지구가 중력으로 꽉 붙잡고 있기 때문이기도 하지만 등속도 운동을 하기 때문이다. 속도의 변화 없이 일정한 속도로 움직인다면 빛의 속도로 달리는 우주선에 타고 있다 하더라도 정지해 있는 듯한 느낌을 받는 것이다. 만일 지구가 잠시라도 움찔한다면 우리 모두 지구 밖으로 튕겨 나갈 것이다.

변화를 못 느끼는 이유가 바로 여기 있다. 등속적인 시간의 흐름 속에서 매일 반복되는 생활의 궤도를 돌다 보니 세상이 정지해 있는 듯한 착시에 빠지게 된다. 그렇기에 잠시 멈춰 서면 보이는 것이 생기고, 한 발짝 삶의 궤도에서 벗어나야 변화가 눈에 들어온다.

우주가 우리 생각보다 훨씬 크고 빠르듯이 변화의 속도 역시 우리의 어림짐작을 초월한다.

컨버전스 트렌드에 주목하라

1990년대 중반 뭔가 변화가 일어나고 있구나 하는 느낌이 들기 시작했다. 진원지에서 지진이 시작된 것이다. 이전에는 이런 식으로 전략을 펴면 먹혔는데 점점 약발이 듣지 않았다. 또 기존 이론으로는 설명되지 않는 현상들이 나타났다. 뭐지, 하는 의문이 들었다.

그때부터 변화를 추적해봐야겠다는 생각이 들어 어디서 변화에 관한 세미나가 열린다 하면 열심히 쫓아다니고 관련 서적도 읽기 시작했다. 그렇게 몇 년을 헤매다가 실타래처럼 엉킨 머릿속을 뻥 뚫어준 단어가 있었다.

컨버전스convergence!

수렴이나 융합으로 번역할 수 있는 컨버전스는 기존의 제품 간, 산업 간, 업종 간의 경계선이 허물어지고 서로 섞이면서 새로운 장르로 전환하는 현상을 의미한다. 컨버전스, 즉 융합을 극명하게 보여준 것이 바로 휴대폰이다.

1990년대 중반 휴대폰이 처음 나왔을 때는 말 그대로 이동 중에 걸고 받는 용도의 전화기였다. 그런데 조금 지나자 전자수첩 기능이 추가되고, 점차 진화하더니 디카와 MP3 기능이 추가되면서 손쉽게 사진도 찍고 음악도 들을 수 있게 되었다. 그리고 DMB^{Digital Media Broadcasting}가 시작되면서 휴대폰이 텔레비전과 내비게이션 역할도 했다.

자, 그렇다면 휴대폰은 전화기인가, 카메라인가, 텔레비전인가? 뭐라고 불러야 할지 헷갈릴 지경이다. 과거에는 전화기, 카메라, MP3 등 제품 간 경계선이 분명했는데 경계가 허물어지면서 하나로 융합되는 현상이 일어난 것이다.

거기서 끝나지 않았다. PC까지 융합된 스마트폰이 등장했다. 스마트폰은 노트북을 조그맣게 만들어놓은 정도가 아니다. GPS, 중력 센서, 가속도 센서 등이 내장되어 노트북보다 훨씬 똑똑한 놈이다. 향후 스마트폰으로 웨어러블 컴퓨터wearable computer를 예상하는데, 안경에 시계에 옷에 컴퓨터가 융합되는 것이다. 또 사물인터넷IoT, Internet of Things 시대가 본격화되면서 계속해서 새로운 장르로 변모하고 있다. 트랜스포머를 보는 기분이다.

이것이 융합의 개념이다. 이와 같은 융합 현상은 IT 분야에서 시작되었지만 거의 모든 산업 분야로 확산되고 있다. 요즘 편의점이 달라지고 있다는 뉴스 보도가 있었다. 우리나라에 편의점이 처음 들어왔을 때 편의점의 개념은 구멍가게를 현대화한 것이었다. 그런데 이제 공과금도 받고, 택배도 보내고, 우체국 업무도 하고, 베이커리도 있는 복합된 형태의 편의점이 늘어나고 있다는 것이다. 또 1인 가구가 많아지면서 고객이 출근할 때 세탁소에 세탁물을 맡기면 퇴근길에 편의점에 들러 찾아간다고 전했다. 이제는 단순히 상점이 아니라 생활편의 공간이 된 것이다. 이렇게 유통업의 개념이 달라지고 있다.

한번은 현대아산병원에 병문안 갔다가 '여기 병원 맞나' 하는 생각이 들었다. 호텔 로비처럼 느껴졌기 때문이다. 병원 로비에 커피숍은 물론이고, 스카이라운지와 호텔에서 직영하는 고급 레스토랑도 들어와 있고, 지하에는 서점, 세탁소, 슈퍼마켓도 있었다. 그뿐이 아니다. 갤러리와 여행사, 교회까지 있었다. 한강 전망이 좋은 꼭대기 층은 호텔

식으로 개조해서 부자 고객들이 요양하고 간다고 했다. 이제 병원이 단순히 병을 치료하러 오는 곳이 아니라 복합생활 공간으로 융합이 일어나고 있었다.

융합 사례는 끝이 없을 정도로 많다. 그리고 점점 늘어나고 있다. 산업의 전 업종에서 업종 간의 경계가 허물어지면서 산업혁명이 만들어놓았던 표준산업분류표가 무색해져간다.

융합의 원인은 한마디로 산업문명의 수명이 다해가서다. 서구 산업문명의 특징은 이 세상의 개념과 실체들을 나누어서 조직화한 것, 한마디로 디버전스divergence다. 원래는 한 몸통이었던 것들을 쪼개고 분류해놓았던 것이다.

그것이 효율성을 높일 수 있는 방안이었다. 그러나 점차 산업사회의 가치 사슬(경제 시스템)이 붕괴되면서 산업 분류가 허물어지고 업종 구분이 모호해지는 현상이 나타나고 있다. 산업문명의 쇠락을 예고하는 것이다. 이제는 기존의 자기 업종, 자기 전문 분야에만 시각이 고정되어 있는, 시야가 좁은 사람들은 지각변동에 대처하지 못할 것이다.

통섭이 대세다

땅이 흔들리고 담이 무너져 내리는 융합은 산업계만의 문제가 아니다. 대학에서도 학문 간의 경계가 허물어지는 통섭consilience이 화두다.

점점 전에는 들어보지 못한 학과들이 늘어나고, 여러 분야의 학문들이 섞이는 학제적interdisciplinary 연구가 많아지고 있다. 여러 전공 분야를 융합해서 학과 이름을 새롭게 바꾼다든지, 융합 학부들이 생겨나는 움직임 등이 그것이다. 미국에서 자리 잡은 인지과학은 전산과학, 심리학, 언어학, 생물학 등이 융합된 학문이다. 상상력 발전소라 불리는 미국 MIT 미디어랩을 보라. 공학과 인문학, 예술 등을 융합하는 콘텐츠를 만들어내고 있다.

이러한 변화가 일어나는 원인은 기존의 학문 분류가 변화하는 세상의 흐름에 부적합해지면서 새로운 패러다임에 따라 새로운 질서로 재편되는 데에 있다. 쉽게 말해, '헤쳐 모여' 하고 있는 것이다. 세상은 지각변동이 일어나면서 이렇게 급변하는데, 우리나라 학교에서는 아직도 문과, 이과 구분하는 구시대적 틀에서 벗어나지 못하고 있다.

유럽의 한 자동차 회사에서 차 디자이너로 일했던 분의 얘기를 들은 적이 있는데, 그 회사에서는 디자이너들에게 공학을 배우게 한다고 했다. 그게 무슨 말인가 했더니 멋지고 보기 좋은 디자인이 중요한 것이 아니라, 앞면의 공기저항을 줄이려면 유체공학을 이해해야 하고 엔진과 연료 분사 등 차의 원리를 알아야 차 외관을 설계할 수 있으며, 자동차 내부 시트의 소재를 결정하려면 사고가 났을 때 어떤 재질이 저항이 강해서 운전자가 끌려 나가지 않게 할 수 있는지 등을 알아야 한다는 것이다.

디자인 전공한다고 그림만 열심히 그려서는 나중에 장당 얼마 받고 그려주는 하청업자밖에 안 된다. 문화도 이해하고 과학도 공부하는 디자이너가 높은 가치를 창출할 수 있다.

경제학을 의미하는 'economics'의 어원은 가정을 뜻하는 그리스어 oikos와 다스린다는 의미의 nomikos가 합쳐진 'oikonomikos'라 한다. "가정관리의 기술, 그것을 연구하는 학문인 oikonomikos는 '가정관리학' 정도로 풀이될 수 있다."홍기빈, 『아리스토텔레스 경제를 말하다』, 책세상, 2001

경제학은 원래 지금의 경제학에서 다루는 영역이 아니라 당시의 집단공동체(그 당시의 가정 개념과 지금의 개념은 다르다)를 발전시키고 관리하기 위한 방법들을 연구하는 학문이었던 것이다. 그러므로 이 안에는 리더십, 인간 심리, 정치 등 여러 분야가 복합되어 있었는데, 이것이 산업화사회로 넘어오면서 분리된 것이다.

이렇게 나뉜 원인은 나누어서 연구하는 것이 전문성과 효율성을 더 높일 수 있었기 때문이다. 그런데 이제는 그 방법의 한계가 드러나고, 다시 융합되어 하나로 수렴하는 융합 현상이 나타나고 있다. 정리하자면, 본래는 한 몸이었던 것이 분화해 조직화되었다가 산업문명의 쇠락과 함께 다시 제자리로 수렴하는 현상을 융합이라고 할 수 있겠다.

해운대의 경고

영화 〈해운대〉는 일본의 한 섬에서 시작된 지진이 증폭되다가 부산 해운대에 와서 메가쓰나미로 변한다는 내용이다. 지진을 연구하는 지질학자^{박중훈} 분가 그것을 경고하는데 주위 사람들이 심각하게 받아들이지 않고 대비하지 않다가 재앙을 맞이한다.

이것이 융합을 소홀히 생각해서는 안 되는 이유다. 우리가 딛고 서 있는 땅속의 심층 구조가 바뀌면서 세상의 모든 것들이 달라지는 무시무시한 지각변동이 일어나고 있다. 땅이 갈라지고 뒤섞이면서 전혀 새로운 모습을 연출할 것이다. 잘나가던 사람들이 졸지에 땅속에 묻혀 버릴 수도 있고, 반대로 변화의 본질을 이해하고 적극적으로 대응하면 지금은 별 볼 일 없더라도 순식간에 부상하는 역전이 일어날 수도 있다. 지금의 경계선 안에 안주하면서 근시안과 고정관념으로부터 벗어나지 못한다면 정말 큰일 난다. 이미 시작된 지진이 해운대로 다가오고 있다.

2030년쯤에는 '응답하라 2014'라는 드라마가 만들어질지도 모른다. 그때 세상은 현재와는 전혀 다른 모습으로 변해 있을 것이다. 세계관과 가치관이 바뀌고 성공방정식도 달라진다. 사회가 필요로 하는 인재의 조건도 지금 생각하는 것과는 천지 차이일 것이다. 학문 분야뿐 아니라 직업 분류 자체도 크게 달라질 것이다. 많은 직업이 없어지고 융합이 일어나면서 새로운 직업이 나타날 가능성이 크다. 이미 우리 사회에서 기업들의 업종 구분이 모호해지고 있다.

돌아보면 10여 년 전에 인기가 많았던 직종이 지금은 기피 직종이 된 경우가 많다. 이전에는 들어보지도 못했던 직업이 인기를 끌면서 사람들이 몰리기도 한다. 변화가 가속화된다면 2030년쯤에는 직업 분류가 지금과는 전혀 다를 것이다. 처음 들어보는 이름들이 수두룩할 것이라는 얘기다. 부시맨이 콜라병 들고 이게 뭐에 쓰는 물건인지 궁금해했던 것처럼 이게 뭐하는 직업이지 하고 어리둥절할 날이 멀지 않았음을 명심해야 한다.

그런데도 많은 사람들은 눈앞에 보이는 것들이 불변의 진리인 것처럼 거기에 목숨을 건다. 지각변동이 일어나는데 기존의 땅만 쳐다보고 그 울타리 안에서 더 많은 땅을 차지하겠다고 경쟁한다. 코카콜라의 경쟁 제품은 이제 더 이상 펩시콜라가 아니다. 융합이 일어나면서 경쟁의 개념도 변했다. 융합을 이해하지 못하고 좁은 시야에 머물러 있다가는 땅속에 묻히고 말 것이다.

나는 대학 학과를 선택할 때 아주 특수한 분야를 제외하고는 아무 과나 지원해도 큰 차이가 없다고 생각한다. 왜냐하면 공부란 모두 한 몸에서 나온 것이고 미래로 향해 갈수록 융합될 것이기 때문이다. 오히려 생각이 깨어 있는 대학의 지원율 낮은 과를 선택해서 장학금 받는 것이 더 현명하다.

같은 맥락에서 전공 공부만 하지 말고 다른 분야 공부를 더 해야 한다. 미래사회가 요구하는 융합형 전문가는 분업화시대의 전문가 개념과 다르기 때문이다.

눈이 너를 속이고 있다

세상에 일어나고 있는 작금의 변화는 심상치 않다. 그런데 우리 사회는 이 변화를 정확히 읽지 못해 개혁과 혁신의 방향을 제대로 잡아가지 못하고 있다. 근원적인 지각변동을 보지 못하고 땅따먹기 경쟁만 하고 있다. 울타리 자체가 허물어지는 융합을 이해하지 못하고 기존 경계선 안에 시야가 고정되어 있는 것이다.

우리 사회가 이러한 사회적 인지불능에 빠져 있다면 미래는 어떻게 될까? 19세기 세계가 급변할 때 그 변화를 읽어내지 못하고 우왕좌왕하던 우리 역사의 아픈 기억이 되살아난다고 하면 과한 생각일까? 우리나라가 일류 국가로 도약하느냐, 아니면 역사의 수치를 되풀이하느냐 하는 중요한 기로에 서 있는 지금, 우리네 교육은 무엇을 하고 있단 말인가?

영화 〈스타워즈 4〉에 "눈eye이 너를 속이고 있다"라는 대사가 나온다. 주인공이 전자검으로 움직이는 목표물을 겨냥하는데 맞히지 못하고 자꾸 헛치니까 그때 옆에 있던 사부가 던진 말이다. 눈에 보이는 것에 현혹되다 보면 본질에 대한 감각을 잃어버릴 수 있으니, 오히려 눈을 감고 마음의 눈으로 목표물을 겨냥하라는 것이다.

이 대사처럼 우리는 눈에 보이는 사물에 집착하는 경우가 얼마나 많은가. 우리말에 '눈이 팔린다'라는 표현이 있는데, 눈이 팔리다 보니 정말 중요한 사물의 본질을 놓친다. 이것이 대부분의 사람들이 자주 빠지는 함정이다.

　사람들은 눈이 팔려 있다. 지금의 상황이 몇 년이 지나도 큰 변화 없이 이대로 지속될 거라고 착각한다. 어려움에 처해 있는 사람들은 몇 년이 지나도 지금의 처지가 크게 달라지지 않으리라 생각한다. 사면초가의 상황을 탈출할 수 있는 단서가 전혀 잡히지 않기 때문이다. 그러다 보니 주눅 들고 절망감에 빠지고, 심하면 자살에까지 이른다. 반대로 지금 잘나가는 사람들은 앞으로도 큰 문제가 없을 것이라고 믿는다. 앞으로 닥칠 어려움에 대비해야 된다고 생각하면서도 현실에 안주하면서 막연한 두려움만 갖고 있다.

　삶이 결코 만만하지 않다는 사실을 깨달은 어른들도 이러한 착시 현상에서 쉽게 벗어나지 못한다. 눈이 우리를 속이기 때문이다. 변화는 세상이 돌아가는 원리다. 지금의 질서가 영원불변하리라는 근시안에 빠져 있지 말고 미래를 보는 통찰력을 길러야 한다.

　청년들이 욕심내야 할 것은 좋은 눈이다. 비전^{vision}은 '본다'라는 의미의 'view'에서 파생한 단어다. 진짜 가치는 눈에 보이지 않는 것에 감추어져 있다. 이를 보고 찾아낼 수 있는 통찰력, 그것이 바로 비전이다.

　성경에 이런 구절이 있다.

　"눈에 보이는 것은 눈에 보이지 않는 것으로부터 만들어졌다."[히브리서 11:3]

　정말 그렇다. 눈에 보이지 않는 것을 볼 수 있는 비전을 가진 청년들이 21세기를 만들어가는 리더가 될 것이다.

깡

네 안의
야성을 깨워라

"아파야 산다. 그것이 자연의 법칙이다.

아픔과 고통을 피하려 해서는 안 된다.

오히려 야성 있게 마주 서야 고통의 시간을 끝낼 수 있다.

지금 너무 아파서 울고 있다면 오히려 기뻐해야 할 일이다."

아파야
산다

왜 죽어?

"청춘! 이는 듣기만 하여도 가슴이 설레는 말이다."

학교 다닐 때 국어 교과서에 실렸던 「청춘예찬」이라는 수필의 첫 문장이다. 이렇게 이어진다.

"청춘! 너의 두 손을 가슴에 대고 물방아 같은 심장의 고동을 들어보라. 청춘의 피는 끓는다. 끓는 피에 뛰노는 심장은 거선巨船의 기관 같이 힘 있다. 이것이다. 인류의 역사를 꾸며 내려온 동력은 꼭 이것이다."

그래야 되는데, 피가 끓어 고동쳐야 할 청춘들의 심장이 멎어간다. 청년 자살, 2011년 교과부 발표에 따르면 1년에 자살하는 대학생 수가 230명에 달한다고 한다. 그런 뉴스를 접할 때마다 가슴이 아프다. 마치 내가 무슨 죄라도 지은 것 같아서, 우리 부모 세대의 책임인 것 같아서.

얼마나 아팠으면 죽을 생각을 했을까?

남들은 못 들어가서 안달하는 일류 대학에 갔으면 잘 다녀야지, 공부해서 사회에 공헌하겠다는 꿈을 키워야지, 왜 죽어?

지금 청년들은 어릴 적부터 경쟁판에서 자라왔다. 무얼 하고 싶어 하건, 꿈이 무엇이건 그건 고려 대상이 아니었다. 장래 희망이 중요한 게 아니라, 닥치고 좋은 대학에 들어가는 것이 목표였다. 좋은 대학 나와야 좋은 직장에 들어갈 수 있고, 그래야 연봉 많이 받을 수 있고, 그래야 1등 배우자감이 되니까.

내친 김에 한번 계속 가보자. 결혼해서 화목한 가정 꾸리고, 그다음은? 직장에서 고속 승진을 거듭해서, 그다음은? 40대에 CEO까지 올라갔다고 쳐보자. 그다음은?

이런 것이 대충 당신과 당신의 부모가 무언중에 합의 봤던 인생 설계도다. 일단 중요한 것은 일류 대학에 들어가는 일이었다. 모 특목고 기숙사 얘기를 들은 적이 있다. 우리나라 최고의 고등학교 중 하나로 꼽히는 그 학교는 밤에 방에서 공부할 때 사감 선생님이 CCTV로 감시한단다. 그리고 조는 학생이 있으면 스피커로 "몇 번 학생 졸지 말고 공부해"라고 깨운다는 것이다. 이건 어느 나라 동물원일까?

과장된 얘기였으면 좋겠다. 원래 소문이란 것이 그런 거니까. 조금 과장되고 왜곡됐다고는 해도 전혀 뜬금없는 소문은 아닐 것이다. 그러한 환경에서 공부하는 학생들의 마음이 정상일까? 심리적 장애를 겪고 있을지도 모른다. 육체 장애는 눈에 보이지만 마음의 장애는 눈에 보이지 않는다. 이게 어디 특목고만의 문제겠는가? 장애인을 만드는 교육, 당신은 그런 대한민국 교육을 받으며 살아왔다.

자살한 청년들의 심정을 이해할 수 있을 것 같다. 자신을 심리적 공황 상태로 몰아넣은 사람을 죽이고 싶었을 것이다. 그것이 부모일 수도 있고, 교수일 수도 있고, 친구일 수도 있고, 1등만 기억하는 더러운 세상일 수도 있다. 피가 끓는 청년 시절에는 누구나 살인 충동을 느낀다. 그런데 마음 약한 그 청년은 남을 죽일 수 없으니 자신을 죽인 것이다.

어느 청년의 기도

대학을 졸업해도 취직이 되지 않는 이 세태에 두려움을 갖지 않게 해주십시오.
스펙이나 연봉이 사람의 가치를 판단하는 기준이 되는 현실을 미워하지 않게 해주십시오.
저희 마음속에 있는 절망감이 소망으로 바뀌기를 기도합니다.

교회에서 어느 청년이 하는 기도를 들으면서 마음이 아팠다. 얼마나 답답할까? 얼마나 힘들면 저런 기도를 할까? 한창 일하고 뛰어다녀야

● 내 안의 야성을 깨워라

할 나이인데 미래에 대한 두려움에 휩싸여 초라하게 주저앉아 있는 청년들 마음속의 절망감과 분노에 공감되면서 함께 울고 싶었다.

이러한 세태를 반영하는 새로운 단어들이 속속 생겨나고 있다. 한 텔레비전 프로그램에서 출연자가 돌출 발언한 뒤 '루저loser'라는 말이 유행어처럼 번졌다. 키가 180센티미터가 안 되는 남자는 루저라는 내용이었는데, 이 말에 많은 청년들이 분노하고 씁쓸했던 것은 단지 키나 외모를 중시하는 풍조 때문만은 아니었다. 그 바닥을 들여다보면 취직은 안 되고 미래가 보이질 않아 가뜩이나 소외감과 패배감에 젖어 있는데 '루저'라는 말을 들으니 허탈감에 빠져버린 것이다. 울고 싶은데 뺨 때려준 격이다.

지금 20, 30대 청년들은 우리 경제가 한창 성장하던 1970년대 후반에서 1990년대 초반에 태어난 세대다. 이들은 학교교육이 무너지기 시작하면서 사교육이 기승을 부리던, 그래서 학원 입지가 땅값을 좌우하던 1990년대와 2000년대에 중고등학교를 다니면서 온갖 상처와 스트레스를 받았다.

그렇게 공부하고 사회에 나가면 잘나갈 줄 알았는데, 일자리는 없고 사회에서는 88만 원 세대 취급받고, 국가와 기성세대가 원망스럽기만 하다. 그러니 루저는 기억해주지 않고 '1등만 기억하는 더러운 세상'이라 외치며 술 푸게 되는 것이다.

니트NEET족이라는 용어도 요즘 세태를 웅변한다. 1990년대 말 영국에서 처음 사용된 NEET는 'Not in Education, Employment, or

Training'의 두문자어인데, 학교를 졸업하고도 취업을 안 하고(취업이 안 되고) 그렇다고 취업 의욕도 없는, 한마디로 무기력증에 빠진 청년 들을 일컫는 용어로 쓰이기 시작했다.

니트족 증가는 유럽만의 문제가 아니다. 일본도 심각한 수준이며, 우리나라도 니트족이 100만 명을 넘어섰다고 하니 청년 10명 중 1명 은 니트족이라는 얘기다. 청년뿐 아니라, 이 사회에 절망하는 사람들이 갈수록 늘어나고 있다. 사회의 활력이 떨어지면서 우울지수와 자살률 은 높아만 가고, 사람들의 정신과 영혼은 황폐해져간다. 요즘 사회적으 로 상식 밖의 황당한 사건들이 빈발하는 것도 같은 맥락이다. 인간을 스펙으로 나누고 자본의 효율성을 추구하던 산업문명의 말기 증상이 나타나고 있는 것이다.

쓸쓸한 세대라 아니할 수 없다. 직장이 없으니 결혼이 늦어지고 적 은 월급으로는 애 낳기 어렵고, 이것은 사회의 악순환 구조를 낳는다. 더군다나 지금 10대들이 사회에 진출할 때가 되면 이런 현상은 더욱 심각해진다. 우리 사회에 무서운 재앙이 오고 있음을 직시해야 한다.

지금 아프다면 낫고 있다는 뜻이다

요즘 청년들 너무 아프다. 그러다 보니 힐링healing이라는 단어가 사회적 으로 화두다. 힐링을 주제로 한 책들이 베스트셀러가 되고, 관련 텔레비전 프로그램 시청률도 높다고 한다. 지난 수십 년간 우리 사회가 경제성장을 해오면서 파생된 많은 부작용, 특히 청년실업과 베이비붐 세대 퇴직 등의 사회적 문제들과 맞물리면서 잠재해 있던 상처들이 떠오르기 때문이 아닌가 싶다.

겉으로 보기엔 별 문제 없어 보이고 어려움도 없을 것 같은데 속사정을 들어보면 벙어리 냉가슴 앓듯 아픈 사람들이 참으로 많다. 나만 힘들고 아픈 게 아니구나 하는 생각이 절로 든다.

치유의 뜻을 가진 'healing'의 어원은 그리스어 'holos'인데, 'whole전체' 'health건강' 'holy신성' 등과 같은 뿌리에서 나온 단어라고 한다. 그런데 힐링이란 단순히 감정적으로 공감하고 아픔을 위로하고 막연한 긍정의 힘을 불어넣는 것이 아니다. 힐링은 냉정하고 잔인한 것이다. 치유하는 과정은 반드시 아픔을 수반하기 때문이다. 고통을 거치지 않고 낫는 법은 없다. 감기 몸살에 걸려서 열이 펄펄 끓는 것은 백혈구가 한창 바이러스와 싸우고 있기 때문이다. 그 과정을 거쳐야 몸이 낫는다. 뼈가 골절됐는데 당장의 고통을 참지 못해서 제때 치료하지 않는다면 평생 불구가 될 수도 있다.

아파야 산다. 그것이 자연의 법칙이다. 아픔과 고통을 피하려 해서는 안 된다. 오히려 야성 있게 마주 서야 고통의 시간을 끝낼 수 있다. 지금 너무 아파서 울고 있다면 오히려 기뻐해야 할 일이다. 낫고 있다는 증거이기 때문이다. 아파야 힐링이 되고, 힐링이 돼야 건강해지고health, 인격과 정신이 건강해져야 온전히whole 꿈을 이룰 수 있다.

깡•

누구나 아프다, 싸구려 위로에 기대지 말라

청년들은 왜 우리 세대만 이런 아픔을 겪어야 하나 생각할 수도 있다. 그러나 재미있는 것은 여러 나이대의 사람들을 만나 얘기해보면 대개 자신들을 '낀 세대'라고 표현한다는 사실이다. 모두 앞 세대가 누리던 혜택도 못 받고 어중간하게 끼어서 가장 불행한 시대를 살아가고 있다고 느끼는 것이다.

그러나 잘 생각해보면 모든 삶은 공평하다. 20, 30대 청년들이 힘든 건 사실이지만, 조부모 세대를 생각해보라. 할아버지, 할머니들은 일제강점기인 1920~1930년대에 태어나서 자랐다. 지금 청년들은 직장이 없어 고민이라지만 그분들은 직장만 없는 게 아니라 나라가 없었다. 식민지시대 온갖 무시를 당하며 열등감에 싸여 청춘을 우울하게 보냈는데, 거기다 한 술 더 떠서 참혹한 전쟁의 고통까지 겪어야 했다. 상상해보라. 지금 청년들이 힘든 것에 비할 게 아니다.

70, 80대 어르신들의 고통과 희생이 없었더라면 대한민국이 지금 이렇게 잘 사는 국가로 발전할 수 없었다. 그분들에게는 청년들이 힘들다고 하소연하는 것이 철부지의 어리광으로 비칠 수도 있다. 실제 지금 청년들은 고생을 모르고 자라서 너무 나약하다는 말이 맞기도 하다.

부모 세대들은 또 어떤가? 그들이 태어난 1950~1960년대 대한민국은 세계에서 가장 가난한 나라였다. 한국전쟁으로 폐허가 되고 혼란이 극심하던 때 태어나 거지처럼 구걸하며 열등감에 싸여 자라온 세대

• 네 안의 야성을 깨워라

다. 끼니 잇는 것이 쉽지 않았고, 형제 많은 집에서는 형을 공부시키려
고 다른 형제들은 모두 학교를 그만둬야 하는 경우도 많았다. 그런 시
련과 역경을 견디며 우리나라 산업화를 끌어온 세대다.

그에 비하면 한창 경제가 성장하던 1970년대 후반에서 1990년대
초반에 태어난 20, 30대 청년들은 풍요로운 환경에서 태어나 별로 고
생을 모르고 자란 세대다. 그러다 보니 아픔에 면역력이 약한지도 모
른다. 지금 아픈 것은 아픈 것이 아니다. 또 청년 시절에만 아픈 것도
아니다. 나이 들면 안 아플까? 아니다. 살다 보면 더 큰 아픔을 만날 수
도 있다. 싸구려 위로의 말에 기대려는 나약함을 벗고 오히려 고생을
사서라도 더 아파야 한다. 그래야 진짜 힐링이 되고 야생성이 생겨 당
당하게 삶을 즐길 수 있다.

고통을 통과해야 두 번 산다

나도 사업을 하면서 큰 고통을 겪었다. 처음엔 그렇게 힘들 줄 몰랐다.
그런데 겪어보니 너무 아팠다. 너무 아프면 말도 안 나오고 너무 지치
면 손가락 하나 까딱할 수도 없다. 그것이 한두 번이면 그나마 견디겠
는데, 오랜 시간 계속될 때의 괴로움이란……

그때 읽었던 『맹자』의 「고자告子」 편이 구구절절 공감되면서 큰 위로
를 주었다.

하늘이 장차 어떤 사람에게 큰 임무를 내리려 할 때에는 반드시 먼저 그 마음과 뜻을 괴롭게 하고 근육과 뼈를 고통스럽게 하며 몸과 살을 굶주리게 하고 그 생활은 빈궁에 빠뜨려 하는 일마다 어지럽게 하나니. 이는 그 마음을 흔들어서 인내성을 길러주어 지금까지 할 수 없었던 일을 할 수 있게 하기 위함이니라.

故天將降大任於是人也 必先苦其心志 勞其筋骨 餓其體膚 空乏其身 行拂亂其所爲. 所以動心忍性 曾益其所不能.

그렇구나, 지금의 고통은 이제까지와는 다른 차원의 일을 맡기기 위한 신의 섭리구나 하는 깨달음을 얻은 것이다. 시련과 고통은 도리어 축복이 될 수 있다. 사람이 태어나서 죽을 때까지 하나의 세상에서 살다 가는 것 같지만 실은 두 가지 세상이 존재한다. 그런데 사람의 경우만 그런 게 아니라 모든 사물의 이치가 그러하다.

씨앗은 처음에는 씨앗이지만 땅속에서 썩은 뒤에는 꽃으로 다시 태어난다. 애벌레 역시 고치 속 세상과 고치를 뚫고 나와 나비로 살아가는 바깥세상, 이렇게 두 개의 세상을 산다.

그런데 모든 씨앗과 애벌레가 두 번의 삶을 살다 가는 것은 아니다. 땅속에서 썩지 못하는 씨앗이 있고, 고치를 뚫고 나오지 못해 번데기로 생을 마감하는 애벌레도 있다. 그러나 고통을 감수하고 이겨낸 씨앗과 애벌레는 꽃과 나비로 만나 새로운 생명을 이어간다.

사람도 마찬가지다. 어두컴컴하고 음습한 땅속에 들어가 썩는 것이 무섭다고 고통의 과정을 생략한다면 평생을 볼품없는 씨앗으로 살아가야 하고, 고치를 뚫고 나오는 것이 힘들다고 안주한다면 평생 애벌레로 살 수밖에 없다. 새로운 세상으로 나와 새로운 역사를 이어가려면 반드시 고통의 터널을 통과해야 한다. 고생은 우리 삶을 가치 있게 만들어주는 필수 요소다.

하는 일마다 안 되고, 그래서 지금 아프다고 실망할 필요 없다. 그 과정을 거치고 나면 새로운 세상에서 이제까지 할 수 없었던 일을 할 것이기 때문이다. 반대로 지금 잘 풀리고 잘나간다면 안주하고 있어서는 안 된다. 위험신호일 수 있기 때문이다.

지금 아픈 것이 낫다

어떤 삶을 살고 싶은가? 무엇이 진정한 성공인가? 좋은 향기를 풍기는 말이나 행동으로 주위에 감동을 주는 사람을 보면 아름답다는 생각이 절로 들고 나도 그런 삶을 살고 싶다는 욕망에 사로잡힌다. 진심에서 우러나오는 존경을 받는 삶, 죽을 때 사람들이 마음 깊은 곳에서 우러나는 애도를 해주는 삶, 그것은 모두의 소망일 것이다.

어떻게 하면 아름다운 삶을 살 수 있을까? 방법은 딱 한 가지, 고통을 통과하는 길밖에 없다. 아름다운 것들은 모두 고통을 거쳐 만들어지기 때문이다. 꽃의 아름다움은 씨앗이 어둡고 답답한 땅속에서 겨우

내 썩은 결과이고, 명검은 뜨거운 열과 냉수를 오가는 담금질을 수도 없이 반복한 뒤에야 탄생하는 법이다.

성숙은 아픔을 동반하는 것이 세상의 이치이며, 절대고독을 경험해 보지 못한 사람은 삶과 사람을 이해할 수 없다. 성숙한 삶의 성공자들은 모두 절대고독絶對孤獨의 시간을 지나왔다. 새가 태어나려면 알이 깨어지는 아픔을 겪어야 하듯 그러한 고통과 고독 없이 성숙과 성공은 있을 수 없는 것이다. 그러므로 자신의 실존과 한계를 경험하는 것은 이수해야 할 전공필수과목이다.

인생을 승승장구만 하면서 살아가는 사람은 없다. 고통과 고독의 시간은 누구에게나 찾아오는 법이다. 삶에 문제가 생겼다고 낙담하지 말라. 문제는 풀라고 있는 것이다. 문제가 해결책을 만들며, 모순이 극대화될 때 창의성이 발현된다. 인류 역사상 위대한 업적은 모두 문제와 모순 덩어리로부터 만들어졌다.

고통으로부터 자유로워지려면 피하려 하지 말고 정면으로 부딪쳐서 고통을 익히는 수밖에 없다. 그렇게 익숙해진 고통은 우리에게 새로운 국면을 열어준다. 입고출신入古出新인 셈이다.

아픔을 외면하지 말라. 지금 아픈 것은 아름다워지기 위함이다. 아름다운 종소리를 더 멀리 퍼뜨리려면 종鐘이 더 아파야 한다. 셰익스피어가 이런 말을 했다고 한다. 아플 때 우는 것은 삼류이고, 아플 때 참는 것은 이류이며, 아픔을 즐기는 것이 일류 인생이라고.

고난은 그것을 통과한 사람에게만 새로운 차원의 세상을 허락한다.

• 네 안의 야성을 깨워라

재미있는 드라마에는 늘 반전이 있는 법이다. 반전의 삶을 연출해보라.
그러고 싶다면, 지금 아픈 것이 낫다.

깡•

쫄지 말고
개고생

,

두 개의 인생 카드

여기 두 개의 인생 카드가 있다. 하나는 좋은 대학에 입학하는 것이고, 또 하나는 입시에 실패하는 것이다. 어느 카드를 쥐겠는가? 자, 또 한 가지. 한 카드는 대기업 입사, 또 하나는 청년실업!

어느 카드를 선택할지는 자명하다. 누구나 전자를 택할 것이다. 그런데 정말로 그 카드가 좋은 것일까? 인생을 수십 년 살아온 사람이라면 이에 대한 답은 이미 알고 있다. "꼭 그렇지만은 않아"가 그 답일 것이다. 그런데 생각은 그렇게 하면서도 행동이 따라주지 않는다는 것이 문제다.

대학 입시에 실패했다고 낙심할 필요 없다. 비행기 값만 갖고 해외로 나가 접시 닦아가며 공부해서 세계적인 인물로 성장할 수 있는 기회를 만났기 때문이다. 이 청년은 오히려 대학 입시에 성공한 사람보다 더 큰 무대에서 더 큰 게임을 벌일 수 있다. 어떤 사람도 두 개의 길을 동시에 걸을 수는 없다. 선택해야 하는데, 어차피 국내 대학의 길이 막혔다면 쿨하게 잡념 없이 다른 길에 매진하면 된다.

내가 원하던 대학보다 등급이 낮은(?) 대학에 들어갔다고 침울해할 필요도 없다. 대학 다닐 때 모양 좀 나는 것뿐이지 졸업하고 나면 대학 졸업장의 유효기한은 기껏해야 5년에서 10년이다.

대기업이나 신이 부러워하는 직장에 취직한 것은 잘된 일인가? 그렇다. 그러나 거기에 안주하다가 나중에 인생 역전되는 경우 많이 봤다. 대기업 직원들이 오히려 시야가 좁다. 조직의 틀 안에 있다 보니 자기 분야밖에 모르고, 외부 세계와의 커뮤니케이션 능력이 떨어진다. 대기업이라는 동물원식 시스템에 길들여지고 안주하다가 야생에 나가면 체질을 바꾸기가 더 어렵다.

당장은 백수라 하더라도 남들의 시선이 닿지 않는 소외된 곳에서 자신만의 미래를 준비하는 젊은이들이 있다. 그중에는 여러 가지를 경험하다 보니 시야가 넓고, 마음이 열려 있고, 커뮤니케이션 능력도 뛰어난 사람들이 많다. 지금 당장은 별 볼 일 없어 보여도 그런 사람들이 미래의 리더로 성장해 역전할 수 있다.

깡 •

나의 개고생 이야기

뭐 그리 대단한 스토리는 아니지만, 나는 20, 30대에 전자前者의 카드를 쥐었다. 속칭 잘나가던 청춘이었다. 큰 부자는 아니어도 경제적으로 여유 있는 집안에서 자랐고, 어릴 적부터 공부 잘하는 모범생, 시험이란 건 보면 붙었다. 대학과 대학원, 입사 시험 등 큰 어려움 없이 내가 원하는 곳에 들어갈 수 있었다. 회사일도 재미있고, 승진이며 연봉이며 승승장구, 빵빵한 스펙에 경제적으로나 사회적으로 남들 부러움을 살 만한 상황이었다.

그런데 늘 마음 한구석에 갈증이 있었다. 이게 잘 사는 것일까? 어떤 사람들은 산전수전 공중전까지 겪으면서 드라마틱한 인생을 산다는데, 인생은 파노라마 같은 거라고 하던데, 그냥 평탄하게 삶의 참맛도 모른 채 살고 있는 나의 모습이 시시하게 느껴졌다. 삶의 무게가 실리지 않은 말과 지식, 인생의 심연으로부터 깊이 우러나지 않은 나의 얕은 생각이 부끄러웠다. 남들은 나를 부러워했을지 모르겠지만 무대 위에 홀로 서 있는 것 같아 오히려 고독감도 느꼈다. 아마도 동물원 울타리 너머에 있는 야생을 동경했던 것 같다.

그래서 출사표를 던졌다. 그때부터 개고생이 시작되었다. 사업이 신기할 정도로 안 되었다. 경험도 꽤 쌓았고 능력 있다고 인정도 받았고, 회사를 만들기 전부터 프로젝트가 들어오는 등 주위 사람들이 도와주면서 창업 준비도 순풍에 돛 단 듯 진행됐다. 그런데 막상 시작하고 서

• 네 안의 야성을 깨워라

너 달쯤 지나자 뻥 뚫려 있던 길들이 모두 막히기 시작했다. 이렇게 안 되는 게 오히려 기적이다 싶었다. 하는 일마다 막히고 수렁에 빠지는 데, 마치 신이 나를 골탕 먹이려고 아예 작정하고는 내가 가는 길목마다 기다리고 있다가 일부러 막아버리는 것 아닌가 하는 야속한 생각까지 들었다. 실패의 롤러코스터는 계속되었고 재산도 많이 잃었다.

사업하면서 겪는 고통은 해보지 않은 사람들은 가늠하지 못한다. 수치심, 사회 변방에 버려진 듯한 소외감과 고독감, 이렇게 인생이 끝나지 않을까 하는 두려움, 그 무게는 상상을 초월한다.

빨리, 많이 실패하라

왜 이렇게 고통을 겪을까 수많은 밤을 고민하면서 깨달았다. 영원한 것은 없고, 길게 보면 모든 삶은 공평하다는 것이다. 계속 승승장구하는 인생도, 계속 안 풀리는 인생도 없다. 얻는 것이 있으면 한편으로 잃는 것이 있고, 좋은 일이 생기면 반드시 나쁜 일이 따라온다.

내가 청년 시절 너무 대접받는 삶을 살았구나, 대접에는 대가가 따르는구나, 젊어서 고생은 사서라도 하라는 옛말에 이런 인생의 지혜가 담겨 있구나 하는 깨달음을 얻은 것이다. 주위 사람들의 삶을 보더라도 전반전에 잘나가던 사람들이 후반전에 몰락하고, 반대로 전반전에 고생하던 사람들이 멋진 후반전을 사는 사례가 많다. 어떤 경우에는 후대로 이어지기도 한다. 이동과 역전, 이것은 세상살이의 이치다.

많이 들어봤음직한, 그리고 누구나 아는 얘기지만 이 깨달음을 얻기까지 많은 시간과 비용을 지불해야 했다. 그렇게 보면 고생의 가격은 꽤 비싸다. 우리 몸의 세포 원자들이 뼛속까지 다 교체되기 전까지는 진짜 깨달은 것이 아니다. 체화된다는 의미가 이것이다. 왜냐하면 내 몸이 과거를 기억하기 때문이다. 고생은 그렇게 오랫동안 애프터서비스까지 해준다.

다시 인생 카드 얘기로 돌아가서, 일부러 후자의 카드를 쥐자는 말은 아니다. 다만 후자의 카드를 쥐게 되더라도 오히려 그것을 전화위복의 기회로 삼을 수 있음을 기억하라. 누구에게나 인생의 굴곡이 찾아온다. 매도 일찍 맞는 게 낫다고 젊었을 때 고생하는 것이 나이 들어 고생하는 것보다 훨씬 낫다. 고생이 청년들에게는 가격을 할인해주기 때문이다. 젊었을 때 수업료를 내면 거뜬히 회복할 힘이 있지만 나이 들어 수업료를 내게 되면 회복하기 힘들 수도 있다. 고생에도 블랙 프라이데이가 있다.

청년 시절, 빨리 많은 실패를 해봐야 한다. 작은 시도들을 쉬지 말라. 권투 선수가 잽을 자주 날리듯이 끊임없이 도전하고 실패를 두려워 말라. 예방주사는 더 큰 병을 방지하기 위해 약한 바이러스를 투여하는 것이다. 이것이 의학의 원리다. 몸이 피곤할 때는 감기에 걸려야 한다. 열도 펄펄 나고 끙끙 앓아야 몸속에 있는 세균들이 죽지, 앓지 않으면 더 큰 병이 된다. 마찬가지로 청년 시절 실패라는 감기를 자주 앓

• 네 안의 야성을 깨워라

아야 한다. 그래야 건강해지고 나중에 치명적인 실패를 피할 수 있다.

야생으로 뛰어든 당신을 응원한다

집 나가면 개고생이다.

동물원 울타리 안에 있으면 때 되면 주는 밥 먹고 밤이 되면 따뜻한 방에서 잠도 잘 수 있지만, 동물원을 벗어나서 야생으로 나가면 사정은 전혀 달라진다. 먹잇감도 직접 사냥해야 하고 잠도 아무 데서나 자야 한다. 밥 굶는 날도 많고 추워서 잠을 설치는 날도 많다.

그보다 더 서러운 것은 동물원 안에 있을 때는 사람들이 알아주고 박수도 쳐주고 하는데, 야생으로 나가면 누가 알아주지 않는다는 사실이다. 당신이 백두산호랑이건 인도호랑이건, 아니면 혈통 없는 호랑이건 그런 건 중요하지 않다. 동물원에 있을 때 기막힌 재주로 사람들을 매료했다는 화려한 전력도 야생에서는 통하지 않는다. 그곳에는 그곳의 규칙이 있을 뿐이다.

동물원과 야생, 그건 다른 세상이다. 처음 동물원에서 나오면 야생에 적응하는 데에 오랜 시간이 걸린다. 일단 어떻게 사냥해야 하는지를 모른다. 자연의 언어를 알아들을 수 없기 때문이다. 문명이 자연의 언어학을 잊게 만든 것이다. 또 살이 너무 많이 쪄서 느리다. 이것은 사냥에 치명적이다.

강●

월급쟁이 생활을 청산하고 사업을 시작하는 사람들은 대개 이러한 어려움을 겪는다. 더구나 나이 들어서 사업을 시작하는 것은 더 어렵다. 요즘은 사회 중심 연령이 급격히 낮아져서 웬만한 회사에 가보면 30, 40대가 대부분이다. 5학년 되면 슬슬 짐 쌀 준비에 들어간다. 50대 중반까지 버티다가 퇴직하면 무엇을 해야 할까? 할 수 있는 일이 별로 없다. 새로 사업을 시작하면 위험이 따른다. 동물원에서만 생활하다가 야생에 적응하기가 만만치 않기 때문이다. 특히 한국은 벤처 생태계가 조성되어 있지 않아 성공 확률이 2, 3퍼센트도 안 된다. 그 확률은 갈수록 낮아지고 있다.

100세 시대라는데, 평균수명이 길어지다 보니 현재 50, 60대는 앞으로 30, 40년을 더 살아야 하는데, 사람이 밥만 먹고 살 수는 없다. 중요한 것은 일이다. 30, 40년을 일 없이 지낸다는 것은 정말 혹독한 고문이다.

대기업에서 임원이나 CEO 하고 퇴직하면 좀 나을까? 오히려 더 심각하다. 대기업 임원 출신들이 우울증에 걸릴 확률이 더 높다는 자료가 있다. 그도 그럴 것이 회사 조직 내에 있을 때는 떠받들어주고 남들이 알아주는 등 후광 효과를 누리다가, 야생으로 나오면 어떻게 해야 할지 몰라 패닉 상태에 빠지는 것이다.

이것이 50, 60대 베이비붐 세대의 현실이다. 또한 청년들에게 곧 닥칠 미래 모습이기도 하다. 누구나 언젠가는 야생으로 나가야 한다. 동물원 같은 학교에서 규격화된 교육 받고 동물원 같은 사회조직에 길들여겨서 야생의 언어를 훈련하지 않는다면, 지금 당장은 편할지 모르지만 야생에 나오는 순간 엄청난 시련에 부딪힐 수밖에 없다.

"젊어서 고생은 사서도 한다"라는 말에는 숙성된 인생의 지혜가 담겨 있다. 지금 당장은 아프고 힘들어도 청년 시절 값을 치르고 야생 훈련을 하지 않는다면 나중에 진짜 개고생하게 된다.

나는 사업하는 사람을 좋아한다. 그들은 자기 돈 투자해가면서 개고생을 자처한 사람들이다. 사업하는 사람들과 얘기하면 신이 나고, 삶에 대한 진정성도 느껴진다. 그들은 우리 사회에 도전과 열정이라는 바이러스를 퍼뜨리는 기업가 정신을 가진 사람들이다.

우리 사회에 아직 안 알려졌을 뿐, 그런 청년들이 많다. 그들에게 응원을 보내야 한다. 그리고 그들의 벤처가 성공할 수 있도록 인프라를 구축해야 한다.

거지 수업을 받은 왕자

우리나라 재벌들의 후계자 양성 과정을 보면 화가 난다. 미국에서 MBA 마치고 회사에 입사하면 초고속으로 승진시킨다. 물론 나이가 젊어도 능력이 있으면 얼마든지 높은 자리에 오를 수 있다. 그러나 후계자가 능력 있고 아니고가 문제의 핵심이 아니다. 아무리 가능성 있고 능력이 있어도 야생으로 내보내서 개고생시킨 다음에 경영을 맡겨야 한다.

사업을 일으켜본 경험이 없는 사람은 절대 사업을 지켜갈 수 없는 법이다. 나 같으면 자본금 5000만 원 줄 테니 너의 사업을 해보라고 할 것이다. 잘되건 안 되건, 밥을 굶건 말건 상관해서는 안 된다. 그룹 물량 몰아주기는 더더욱 안 된다.

아마 그들은 5000만 원으로 무슨 사업을 할 수 있느냐며 50억은 있어야 한다고 할지도 모른다. 그러나 서민들은 5000만 원도 없어서 사업을 하지 못하는 사람이 수두룩하다. 적은 돈으로 밑바닥에서부터 사업을 해보지 않고서는 선대 창업주가 어떤 개고생을 하면서 기업을 일으켰는지 이해할 수 없다. 그 과정을 거치지 않고 기업 철학 운운하는 것은 어불성설이다.

한국 경제는 매우 위태로운 구조를 가지고 있다. 벤처 생태계는 조성되어 있지 않고 대기업이 차지하는 비중이 큰, 쏠림 구조이기 때문이다. 대기업이 삐끗하면 그 공급 사슬 안에 있는 중소기업까지 도미노처럼 무너지면서 경제 쓰나미가 닥칠 수도 있다. 이런 상황에서 왕조시대의 후계 방식이 지속된다면 큰 문제가 아닐 수 없다. 이건 기업의 사회적 윤리 문제이기도 하다.

어릴 적 읽었던 『왕자와 거지』가 기억난다. 왕자와 거지는 한날한시 똑같은 얼굴로 태어난다. 왕궁 속의 왕자는 바깥세상이 궁금해서 자신과 닮은 거지를 꼬여 서로 옷을 바꿔 입고 왕궁 밖으로 나간다. 거지굴로 들어간 왕자는 진짜 거지로 오인받으면서 수모를 겪자 금세 후회한다. 그러나 소용없는 일. 아무리 자기가 왕자라고 말해도 정신병자 취급만 받는다. 거기서 왕자는 하층민의 어려운 삶을 경험하는데, 정확한 증거도 없이 마녀로 내몰려 죽임을 당하고 구걸하러 다니다 맞고 귀가 잘리고 뺨에 낙인이 찍히는 빈민들의 고통을 함께한다. 그러다 우여곡절 끝에 결국 다시 왕궁으로 돌아가 솔로몬과 같은 지혜로운 왕이 되었다는 얘기다.

왕자는 성왕이 되었을 것이다. 왕궁 안에 갇혀서 과외 선생님들에게 왕자 수업 받는 것과 바깥세상으로 나가 밑바닥 삶을 온몸으로 체험하면서 세상 공부를 하는 것 중 어떤 수업이 왕자를 더 훌륭한 왕으로 만들겠는가?

야생에서만 배울 수 있는 것

야생은 정글과 같아 위험하지만 진짜 삶이 있는 곳이다. 나도 처음 야생으로 나갈 때는 그렇게 고생할 줄 몰랐다. 태어나서 처음 맞는 시련은 생각보다 너무 아팠다. 그러나 야생은 실존의 언어를 가르쳐주고 진리의 지혜를 얻게 해준다. 동물원의 매뉴얼과는 전혀 다른 커리큘럼이다. 나는 거기에 참된 삶이 있다고 생각한다.

청년 때부터 야생 훈련을 해야 한다. 부모들의 과잉보호는 공공의 적이다. 우리 사회를 망치는 지름길이기 때문이다. 20, 30대 청년들은 엄청난 과잉보호를 받으며 자라온 세대다. 부모 세대들은 어려웠던 어린 시절 겪었던 아픔과 상처의 반대급부로 자식들만큼은 그런 고생 하지 않게 하려고 최선을 다해 공부를 시켰고, 그래야 출세할 수 있다고 믿었다.

일류 대학, 좋은 직장, 고속 승진은 산업화시대의 성공 코스였다. 우리 사회에 그 의식의 잔재가 아직도 남아 고스란히 청년들에게 전가되었다. 세상은 바뀌어가고 산업화시대의 패러다임이 수명을 다하면서 사회는 창의적이고 야성적인 인재를 요구하는데, 부모들의 생각은 그 변화를 따라가지 못한다. 그런 것들이 세대 간 갈등으로 나타나고 있다.

이제 부모 세대들이 만들어놓은 동물원에서 벗어나 야생으로 뛰쳐나가야 한다. 야성 없이는 미래사회에서 살아남지 못한다. 앞서 말했듯, 대학생들은 학비를 스스로 벌어서 공부하겠다는 목표를 세우라. 공부는 책으로만 하는 것이 아니다. 부모가 대주는 돈으로 공부하는 사람과 스스로 벌어서 공부하는 사람은 나중에 큰 차이가 난다.

학문을 계속해서 교수가 되고 싶으니 알바하는 것이 시간 낭비라고 생각한다면 근시안에 빠져 있는 것이다. 야생을 경험해보지 못한 학자는 인류에 공헌하는 연구를 할 수 없다. 그냥 정년이나 보장받고 밥그릇이나 지키려는 교수가 되어서 어디다 쓰겠는가?

등록금은 자꾸 오르는데 시급 몇천 원 받는 알바로는 공부할 시간만 허비할 뿐 도저히 등록금을 충당할 수 없다고 생각하는가? 죽기를 각오하고 해봤는가? 어차피 졸업한 뒤에도 취직이 불투명한데, 휴학하고 벌어서 또 공부한들 뭐 그리 대수겠는가.

만일 졸업은 했는데 취직이 안 돼서 백수 생활을 하고 있다면 작은 일이라도 시작하라. 이런 시시한 일 하려고 내가 대학까지 졸업했나 하는 생각 따위는 절대 하지 말라. 그건 동물원 시각이다. 그런 마음가짐으로는 야생에서 살아남을 수 없다. 야생에서는 끊임없이 움직여야 한다. 동물원에서 하던 식으로 따뜻한 곳에서 볕 쬐려 하다가는 언제 어떻게 당할지 모른다.

미래학자 앨빈 토플러는 가난했던 젊은 시절 식당에서 접시 닦는 일부터 시작했다고 한다. 그는 일류 대학 나와서 박사 학위를 받은 사람이 아니다. 졸업한 뒤 5년간 공장 노동자로 막일을 하면서 대량생산 현장의 밑바닥을 체험했고, 기회가 찾아와 기자가 된다. 그 후 칼럼니스트로 이름을 날렸고 금세기를 대표하는 미래학자로 명성을 얻었다. 그가 만약 야생을 체험해보지 못했다면 미래에 대한 통찰력을 얻지 못했을 것이다.

계속 움직이면 때가 차서 기회가 찾아온다. 그리고 지금의 경험이 나중에 재료가 되어 더 멋진 삶을 만들어낸다. 벤처 창업도 생각해보라. 빌 게이츠나 스티브 잡스는 대학도 때려치우고 인생을 던져 성공을 이루어내지 않았는가.

동물원 안의 편안함에 안주하지 말고 야생으로 뛰쳐나가 부딪쳐라. 젊어서 고생 안 하면 나중에 나이 들어 개고생한다. 인생은 좋은 날만 있는 것도 아니고 궂은 날만 있는 것도 아니다. 우기가 있으면 건기가 있고, 오르막이 있으면 내리막도 있는 법이다. 그것은 누구에게나 적용되는 원리다.

실패에 당당하라

좋은 일이 생기면 우쭐해지고 나쁜 일이 닥치면 주눅 드는 것이 우리네 수준이다. 그러나 인생의 이치를 생각해보면 그것은 얕은 생각일 뿐이다. 인생길에서 만나는 모든 일들은 가치중립적이다. 절대적으로 좋고 절대적으로 나쁜 것은 없다는 뜻이다. 사람들이 자기 가치관에 따라 축하할 일, 불행한 일이라고 가치를 부여할 뿐이다.

내가 그것을 어떤 시각에서 보고 어떤 마음가짐으로 맞이하느냐에 따라 미래가 결정된다는 것을 잊어서는 안 된다. 무슨 일을 만나든지, 어떤 상황에 처하든지 일희일비하지 말고 자신에게 주어진 길을 걷는 것이 성숙한 모습이다.

실패에 대해서도 당당해야 한다. 일이 잘 안 되었다고, 당장의 결과가 안 좋다고 주눅 들거나 부끄러워할 필요 없다. 내가 최선을 다했는데, 뭐 어쩌라고? 아직 때가 되지 않았는데 어떡하라고? 사업이 힘들 때도 난 가족들이나 주위 사람들에게 비굴하지 않은 당당함을 보여주고 싶었다. 스스로에게, 또 사업의 어려움을 겪는 사람들에게 자주 해주던 말이 있다.

"돈 못 버는 게 쪽팔리는 일인가? 이상한 짓 해서 돈 버는 게 부끄러운 거지."

세상에는 아무리 노력해도 안 되는 일이 많다. 아니, 되는 일보다 안 되는 일이 훨씬 많다. 10개 시도하면 한두 개 될까 말까다. 해봤는데 안 되는 게 부끄러운 것이 아니라 안 해보는 게 부끄러운 것이다. 성공도, 실패도 없다. 그건 사람들이 만들어낸 신기루일 뿐이다.

또 지금 눈에 보이는 결과로 상황이 완료된 것이 아니다. 당장은 실패처럼 보이는 일들도 실은 진행형이다. 씨앗을 땅에 뿌리자마자 싹이 나던가? 씨앗이 썩을 때는 냄새도 나고 고통스러운 시기를 지나 때가 차야 싹이 나고 꽃이 피는 법이다. 때를 분별하고 기다리는 지혜가 필요하다.

허수아비는 새를 잡지 못한다

고생을 두려워하지 말라. 우리 마음속에는 막연한 두려움이 있다. 미래에 대한 불안감, 거친 길에 대한 저항감이 우리 뇌를 속이고 자꾸 주저하게 만든다. 허수아비가 아무리 진짜 사람같이 보여도 허수아비는 새를 잡지 못한다. 어쩌면 우리도 허수아비 같은 것에 속고 있는지도 모른다.

비 맞는 것을 두려워하는 사람은 비를 즐길 수 없다. 비에 흠뻑 젖어

본 사람만이 소나기의 낭만을 즐길 수 있다. 비에 젖지 않으려는 사람은 불행하게도 반쪽짜리 인생을 사는 셈이다. 마음속 두려움이 없어져야 고정관념을 깨뜨리고 틀에서 벗어날 수 있다.

새로운 것을 만든다는 의미의 創창이라는 한자를 보면 창고[倉]에 칼[刀]을 들이대는 형상이다. 즉, 곳간을 부수는 자기희생 없이 창조는 불가능하다. 씨앗이 그대로 있으면 볼품없는 씨앗으로 남겠지만 썩는 과정을 거치면 새로운 생명으로 탄생할 수 있다는 것을 잘 알고 있지 않은가? 부드럽지 않은 것이 부드러움을 만드는 것, 이것이 생명의 원리이리라.

"젊어서 고생은 사서도 한다"라는 말은 정말 진리다. 젊어서 사는 것이 가격도 싸고 그 고생이 명품 인생을 만든다. 고생은 어디서 파느냐고? 집 나가면 개고생할 것들이 어디에든 널려 있다.

청춘답게 쫄지 말고 깡다구 있게 삶에 부딪쳐라. 고치 안에서 안주하지 말고 뛰쳐나가라. 새로운 세상을 만나게 될 것이다. 야성을 잃어버린 채 돈이나 좇고 그럴싸한 자리나 구걸하는 시시한 삶을 살다 가지 말고 당신의 존재를 추구하라. 그것이 야생에서 살아가는 법칙이다.

．

Stay hungry,
결핍이 창조를 낳는다

，

위험한 징조가 보인다

몇 년 전, 유럽 여행을 가느라 로마공항으로 입국해 분통이 터졌다. 입국 심사를 하는 데 2시간이 넘게 걸린 것이다. 오래 기다리는 건 별 문제가 아니었다. 진짜 화가 났던 이유는 옆 레인은 비어 있는데, 그쪽으로는 보내지 않고 공항 직원들이 자기들끼리 낄낄거리며 잡담을 나누고 있는 광경 때문이었다. 줄을 길게 서서 기다리던 사람들이 항의해봤지만 들은 척도 하지 않았다. 이 나라 몇 년이나 갈까 생각했는데, 아니나 다를까 얼마 지나지 않아 유럽 경제 위기로 이탈리아가 뱅크런에 이어 구제금융을 신청했다는 기사를 보았다.

그러고 나서 얼마 뒤, 제주공항에 입국하는 중국인들이 2시간 넘게 기다리다 짜증을 낸다는 기사가 났다. 14개 심사대 중 4개만 가동하다 보니 그런 문제가 생긴다는 것이다. 그 기사를 보면서 한국은 몇 년 후 쯤일까 생각했다.

지난 50여 년간 기적적인 성장 신화를 만들어온 우리나라도 활력이 떨어지고 있다. 도전 정신은 식었고, 청년들은 편안하고 안정된 직장 구하느라 스펙 쌓기에 여념이 없다. 기업에서 일하는 사람들은 매뉴얼대로 할 뿐, 기존에 해왔던 틀에서 벗어나려 하지 않는다. 몸보신, 철밥통 정신이 투철하다. 변화와 혁신을 말하지만, 그건 의례적으로 외치는 구호일 뿐이다. 이 상태로 가다가는 대한민국도 몇 년 가지 못한다.

1950년대 한국은 1인당 국민소득이 100달러도 안 되는 최빈국이었다. 참혹한 전쟁의 후유증, 이데올로기의 대립과 정치적 혼란으로 희망을 갖는다는 것조차 사치스러운 시기였다. 1960년대 산업화의 기반을 잡으면서 1970년대 중반 우리 경제가 서서히 뜨기 시작한다. 1977년에 1000달러를 넘었고, 1980년대에는 여러 호재를 만나면서 고도성장의 시기를 맞았다. 그 당시 구호는 "우리도 한번 잘 살아보자"였다. 그러한 간절함이 경제성장의 추진력으로 작용하면서 가파르게 치고 올라갔던 것이다. 그 결과 1994년 드디어 1만 달러의 고지를 넘었다.

그 후 IMF 사태도 있었지만 위기를 극복하면서 비교적 우리 사회는 풍요로워졌다. 21세기 들어 한국은 전성기를 맞이했다고 해도 과언이 아니다. 한국 기업들이 글로벌 기업으로 우뚝 섰고 대한민국의 국제적 위상이 올라가면서 여러 분야에서 한류 열풍이 불고 있다. 좋은 일이나, 그러면서 우리 사회에 헝그리 정신이 사라졌다. 이것은 위험한 징조다.

우리보다 먼저 경제 부흥을 맛봤던 유럽과 일본 등이 경제 위기를 겪고 있는 원인이 여기에 있다. 돈은 사람에게서 야성을 빼앗고 현실에 안주하게 만드는 부작용이 있다. 돈의 맛을 잘못 들이면 사회가 붕괴된다는 것을 역사가 가르쳐주는 것이다. 한국도 이러한 덫에 걸려든 것은 아닐까?

역전의 역사에서 배운다

유럽은 300여 년 전만 하더라도 경제가 발달한 지역이 아니었다. 18세기까지만 해도 세계의 중심은 중국과 인도 등 아시아 지역이었다. 당시 유럽은 미개하고 낙후되어 있었다. 독일 기자였던 데틀레프 귀르틀러가 쓴 『이야기로 읽는 부의 세계사』에 이런 구절이 있다. "인도 무굴의 자산은 17세기 중엽 유럽 전체 자산을 다 합친 것보다도 훨씬 많았다."데틀레프 귀르틀러, 장혜경 옮김, 『이야기로 읽는 부의 세계사』, 웅진지식하우스, 2005 이게 무슨 말인가? 인도 한 나라가 유럽 나라들을 다 합친 것보다 더 잘 살았다는 얘기다. 또 18세기 청淸은 최고의 부자 나라였다.

앨빈 토플러도 『부의 미래』에서 동서양의 역전을 다음과 같이 기술한다.

"오랫동안 서양이 경제적인 우위를 행사해왔기 때문에 5세기 전에는 유럽이 아닌 중국의 기술이 가장 발달되어 있었다는 사실을 사람들은 잘 모른다. 또한 아시아가 전 세계 경제적 산출 중 측정 가능한 부분의 65퍼센트를 차지하며 세계를 주도했었다는 사실도 자주 간과되고 있다.”

유럽은 지중해 근처 이외에는 기후도 안 좋고 땅도 척박하다. 자원도 풍부하지 못하고 농사 짓기도 어려워 경제활동을 하기에 좋은 자연환경이 아니다 보니 바다로 나갈 수밖에 없었다. 새로운 것에 도전하고 개척하는 헝그리 정신을 발휘하면서 산업혁명을 일으켰고, 그 결과 부의 역전이 일어나게 되었다. 그 이후 300여 년간 서구 중심의 산업문명이 세상의 패러다임을 지배해왔다.

17세기만 해도 그렇게 잘살았던 인도나 중국은 ‘세상이 변한다고? 우리가 이렇게 잘살고 있는데 뭐가 문제지?’ 하면서 헝그리 정신을 잊어버리고 안주한 결과, 20세기 들어서는 못사는 나라로 전락했다. 이것이 순환하는 역사의 교훈이다.

산업화에 성공해서 현재 잘살고 있는 국가들, 즉 유럽과 미국과 일본은 모두 어려움을 겪고 있다. 헝그리 정신이 식어가기 때문이다. 요즘 유럽의 경제 상황은 심각하다. 일본 역시 ‘잃어버린 20년’의 늪에서 헤어 나오지 못하고 있다. 1980년대만 하더라도 전 세계에 일본 배우기 열풍이 일었다. 일본 기업들은 세계를 호령했고, 특히 소니와 토요타는 날아가는 새도 떨어뜨릴 것 같은 글로벌 기업이었다. 말 그대로 전성기였다.

그러나 십일화무홍十日花無紅, 열흘 이상 붉음을 유지하는 꽃은 없다

• 내 안의 야성을 깨워라

고 했다. 일본은 아직도 어두운 터널을 지나가고 있다. 닛산 자동차그룹 자트코의 사장인 하타 다카시는 "일본 경제의 위기는 우수한 대학 졸업생들이 미래를 개척할 수 있는 해외 유학을 꺼리고 일본 기업에 취직해 정년(60세)까지 일하겠다는 축소 지향의 섬나라 근성에서 비롯했다"〈이코노미스트〉 2012년 1월 9일자라고 지적하고 있다. 헝그리 정신이 없어졌다는 얘기다.

다음은 우리 차례라는 우려의 목소리가 높다. 지금 전성기를 구가하고 있는 우리나라 대기업들, 그러나 영원한 것은 없고 모든 것은 지나가는 법이다. 소니와 토요타가 저렇게 어려워질 줄 당시에는 누가 짐작이나 했겠는가? 초심을 잃고 헝그리 정신이 없어진다면 공든 탑이 하루아침에 무너질 수 있다.

돈이란 무엇인가?

청년들의 헝그리 정신이 식었다고 느껴질 때가 있다. 돈에 대한 건강하고 정당한 욕심이 없어진 것이다. 돈은 재화의 유통을 원활하게 촉진함으로써 경제를 성장하게 하고, 인간을 더 풍요롭게 살 수 있게 하는 사회적 기제다. 그러므로 돈을 벌고 경제를 튼튼히 하려고 노력하는 것은 사회구성원들의 의무인 셈이다.

이에 대해서는 부모들의 책임도 크다. 어릴 적부터 수능 공부에만 올인했지 돈 공부에는 신경 쓰지 않았던 것이다. 미국의 부모들은 자녀 생일날 주식을 선물하기도 한다. 이때 주식은 아이들이 세상을 내다보는 창의 역할을 한다.

돈에 대해 부정적이거나 소극적인 생각을 가져서는 안 된다. '돈 버는 것이 인생에서 뭐 그리 중요한가?' '적당히 쓸 만큼만 있으면 되는 것 아닌가?' 하는 생각은 헝그리 정신이 식었다는 신호다. 돈은 단지 먹고사는 수단이 아니라 신성한 것임을 『탈무드에서 배우는 돈의 지혜』가 잘 설명하고 있다.

"'돈의 원인은 무엇인가?'

그 대답은 돈은 탐욕의 수단이나 억압의 도구로 존재하는 것이 아니라 오히려 돈은 놀랍게도 정의를 위한 열망과 더 나은 세계를 위한 희망에서 존재한다는 것이다. (…) 돈이란 결국 무엇인가? 돈은 합의_{合意}의 중요한 상징이다. 우리 모두가…… 천국에서 살기를 바라는 의미의 합의이다."_{닐턴 본더, 김태항 옮김, 『탈무드에서 배우는 돈의 지혜』, 물병자리, 2001}

부는 의무다

돈이란 정직하고 정당한 것이고, 부를 확장하는 것이 인간의 의무임을 인식할 필요가 있다. 성경에 아주 흥미로운 예화가 나온다. '달란트의 비유'라는 이야기다.(달란트는 그 당시의 화폐 단위였다.)

이야기는 어떤 주인이 오랫동안 집을 비우게 되어 하인 3명을 불러서 돈 관리를 맡기는 것으로 시작한다. 주인은 오랜 시간 여행을 떠나니 그동안 돈을 잘 맡아서 관리해달라고 한다. 그러면서 한 사람에게는 5달란트를, 다른 한 사람에게는 2달란트를, 또 한 사람에게는 1달란트를 주고 떠난다. 5달란트를 받은 사람과 2달란트를 받은 사람은 그 돈으로 장사를 잘해서 100퍼센트의 이익을 남겼는데, 1달란트를 받은 사람은 장사를 잘 못해서 원금까지 날릴까 봐 잘 갖고 있다가 주인이 돌아왔을 때 그대로 돌려주었다.

돌아온 주인이 하인들을 한자리에 불러 정산을 하면서 100퍼센트 이익을 낸 하인들은 '착하고 충성되다'라고 한 반면, 1달란트를 그대로 돌려준 하인은 '악하고 게으르다'라고 평가하면서 내쫓는 것으로 이야기는 끝난다.

돈 잘 벌어 이익을 내는 것이 선하다는 얘기가 아니다. 만일 5달란트와 2달란트 받은 하인들이 장사하다가 돈을 모두 날려버렸어도 주인은 칭찬했을 것이다. 이 비유는 우리에게 주어진 삶을 어떠한 자세로 살아가야 할 것인가를 가르쳐준다. 1달란트를 받은 사람처럼 돈을 잃을까 두려워 아무것도 시도하지 않고 소극적인 자세로 살아갈 것이 아니라, 자신에게 주어진 돈과 탤런트를 적극적으로 활용해 자신감 있게 살아가는 야성적인 삶의 태도가 반드시 필요하다.

부자가 되겠다는 야성이 청년들 사이에서 사라지고 있다. 그 이유는 한국이 한창 경제성장 중이던 1980~1990년대에 어린 시절을 보내며 부모들이 부족함을 느끼지 못하도록 지원해주었기 때문이다. 부에 대한 야성이 없어진다는 것은 매우 위험한 징조다.

청년 시절 돈 벌어보는 것도 공부다. 무엇보다 가치 있는 공부다. 돈을 번다는 것은 무언가 상대방이 가치를 느낄 만한 재화나 용역을 제공한다는 의미다. 가치를 만들어내는 행위인 것이다. 공무원이나 의사, 법조인이나 학자도 마찬가지다. 돈 벌어본 경험이 있는 사람의 연구와 돈도 벌어보지 않고 연구실 안에만 박혀 있는 사람의 연구는 하늘과 땅만큼 차이가 난다. 어느 분야, 어느 전공, 어떤 직업을 택하든지 청년 시절 세상과 부딪치는 경험은 무엇과도 바꿀 수 없는 귀한 것이다.

거듭 말하지만 알바라도 열심히 하라. 그래야 가치가 무엇인지 깨닫고, 가치 있는 것을 창조해낼 수 있다.

부족해야 꽃이 핀다

집에 있는 산세비에리아를 분갈이하려고 화원에 갔다가 화원 주인으로부터 재미있는 얘기를 들었다.

"화초에 물을 많이 주면 뿌리가 자라나지 못합니다."

"물을 많이 줘야 잘 자라지 않나요?"

"아닙니다. 물이 부족해야 땅속에 있는 물을 찾기 위해서 뿌리가 안간힘을 다해 뻗어갑니다. 그래야 꽃도 피지요. 화초가 꽃을 피우는 이유가 종자를 번식하기 위함인데 물이 부족해서 위기를 느껴야 종자를 번식할 생각을 하는 것이지요."

이 얘기를 들으면서 무릎을 쳤다. 내가 알고 있던 상식과는 전혀 달랐기 때문이다. 이러한 자연의 원리가 자녀 교육에도 적용되는구나 하는 생각이 들었다. 부모들은 자녀들을 풍족하게 살게 해주는 것이 좋은 교육 환경을 조성해주는 거라고 생각하지만 세상의 이치가 그렇지 않은 것이다. 풍족한 아이들은 현실에 안주해서 뿌리를 뻗을 생각을 하지 않을 것이기 때문이다.

어릴 적부터 온상 속에서 나약하게 성장한 사람은 사회에 나와서 야성을 갖기 어렵다. 사회에서 크게 성공한 사람들을 보면 대개 어린 시절 가정 형편이 어렵거나 여건이 좋지 않아서 인내 훈련을 받은 경우가 많다.

지금 20, 30대 청년들이 야성이 없어지고 나약해진 것은 사실이다. 부모 세대들의 책임이지만 부모만 탓하고 있을 시간이 없다. 스스로를 불편하게 만들고 일부러라도 고생을 사서 결핍을 경험해야 한다. 결핍이 창조를 낳기 때문이다. 그래야 스스로 뿌리를 내리고 아름다운 인생의 꽃을 피울 수 있다.

돈을 욕망하라

청년들이 부에 대한 올바른 관념을 갖고 건강한 욕심을 내야 한다. 부자가 되려는 사람이 많은 사회가 건강한 사회다. 그런 사회에는 역동적인 에너지가 흘러넘치고, 삶의 진정성이 느껴지기 때문이다.

우리나라의 미래가 심상치 않다. 경제적으로는 쓰나미와 같은 재앙이 올 것이다. 당연한 이치다. 이번에는 1997년 IMF 사태보다 훨씬 더 센 놈이 온다. 그 당시엔 재무 구조, 조직 구조를 조정하는 것으로 파고를 넘겼지만, 이번에는 근원적인 마케팅과 비즈 모델의 구조조정 없이는 절대 무사할 수 없다. 우리나라 인구 구조의 변화도 미래를 어둡게 만든다. 한국은 현재 전 세계에서 가장 빠른 속도로 늙어가는 나라다. 준비되지 않은 상황에서 고령화는 재앙이 될 수도 있다.

사회구조도 달라지고 있으며 가족 형태의 변화, 세대 간 가치관의 혼재 등 당면한 문제들이 수두룩하다. 그것을 풀 수 있는 방법은 야성 회복밖에 없다. 다시 초심으로 돌아가 헝그리 정신을 회복해야 한다.

부자 되는 법에 대한 재미있는 우화가 있다.

한 마을에 부자가 되고 싶은 청년이 있었다. 어느 날 마을 사람들로부터 깊은 산속에 가면 부자 되는 법을 알고 있는 현자賢者를 만날 수 있다는 얘기를 듣고 천신만고 끝에 현자가 사는 곳을 찾아냈다.

현자를 만난 청년은 큰절을 하고는 졸라대기 시작했다.

"제게 부자가 될 수 있는 방법을 가르쳐주십시오."

"진정 부자가 되고 싶은가? 그렇다면 나를 따라오너라."

신이 난 청년은 현자를 따라 강으로 갔다. 그런데 현자가 강 속으로 들어가는 것이 아닌가? 무슨 뜻이 있겠거니 생각한 청년은 말없이 현자를 따라 강물로 들어갔다. 무릎과 허리를 지나 목까지 물이 차오르는 순간 현자가 갑자기 돌아서더니 청년의 머리를 잡고는 물속으로 처박았다.

"어, 어, 왜 이러십니까?"

청년은 숨을 쉴 수 없어 발버둥 치며 저항했지만 현자의 강한 힘을 이겨낼 수 없었다. 그렇게 한참이 흐른 뒤 현자는 잡고 있던 손을 풀어 주었다. 혼비백산해서 허겁지겁 강 밖으로 뛰쳐나온 청년은 화가 나서 현자에게 욕설을 퍼부었다.

"아니, 날 죽이려 하다니. 이 미친 늙은이야!"

현자가 대답했다.

"자네가 아까 숨을 쉬려고 발버둥 친 만큼 부자가 되려는 강한 갈망을 가진다면 이미 부자가 되는 초입에 들어선 것일세."

청년은 현자의 교훈을 깨달을 수 있었다.

배고픔을 느낀다는 것은 건강하다는 증거다. 반대로 배고픔을 느끼지 못한다면 그건 몸에 이상이 생긴 것이다. 배고픔을 느끼는 것이 우리 사회와 삶의 문제를 해결하는 시작이다. 꼭 돈 얘기만 하는 것이 아니다. 진정한 삶에 갈증을 느끼고 꿈틀대는 생명을 향해 뻗어나가는 야野한 청년이 되어야 한다.

네 부모의 유산을
탐하지 말라

철부지 제조법

세상 물정 몰라 사리 분별을 하지 못하고 성숙하지 못한 말과 행동을 하는 사람을 가리켜 철부지라 한다. '철부지—不知'는 계절의 주기, 즉 절기를 모른다는 의미로 농경사회에서 유래했다고 한다. 농사짓는 데에 절기를 아는 것은 필수다. 지금이 씨를 뿌려야 할 때인지, 기다려야 할 때인지, 추수를 해야 할 때인지 분간하는 지혜가 있어야 한다. 철을 모르고는 농사를 지을 수 없다. 철 모르면 꼴을 봐줄 수 없는데, 『중용 中庸』에서는 꼴불견—不見을 이렇게 표현하고 있다.

자신의 어리석음은 모르고 나서기 좋아하는 사람, 천박한 줄 모르고 제 멋대로 하기 좋아하는 사람, 세상 바뀐 줄 모르고 옛날 방식만 고집하는

● 네 안의 야성을 깨워라

사람, 이런 사람은 그 몸에 재앙이 미칠 것이다.

愚而好自用, 賤而好自專, 生乎今之世, 反古之道. 如此者, 災及其身者也.

어떻게 하면 그런 철부지가 될 수 있을까? 항상 모든 것을 풍족하게 공급받으면 된다. 따뜻하고 먹을 것이 풍부한 지역에서는 열심히 농사 지을 필요가 없다. 철을 알 필요를 느끼지 못하니 철부지가 될 수밖에 없다. 자녀가 성장한 뒤에도 놓아주지 못해서 온실 안에 머물게 하고 주위를 계속 맴도는 '헬리콥터 부모'는 철부지 제조의 달인이다.

아메리카 대륙으로 이주한 유럽인들이 인디언들을 내몰 때 썼던 무자비한 폭력 사례가 많이 전해진다. 그런데 원주민 사회를 결정적으로 몰락하게 한 방법은 무력이 아니었다. 무력만으로는 결코 상대를 무너뜨릴 수 없다. 비법은 안정적으로 식량과 안식처를 제공하는 것이었다고 한다. 먹을 걱정, 집 걱정이 없어지니 열심히 일할 필요가 없어지고, 놀고먹으며 술과 도박과 마약에 중독되는 사람들이 늘어나면서 인디언 공동체가 붕괴되었던 것이다.

내일 먹을 식량이 충분하고 내일 쓸 물건이 쌓여 있으면, 구석기 인류의 뇌에서 크게 진화하지 못한 우리 뇌는 편안함을 느끼고 안주하게 된다. 돈이 자식을 망치고 세습이 결국에는 가문을 몰락하게 하는 이치가 여기에 있다.

자본의 저주, 유산의 덫

산업혁명이 일어나면서 '자원의 저주'에 걸려든 나라들이 있었다. 천연자원이 풍부한 아시아와 남미, 중동, 아프리카 국가들이 그들이다. 이전까지 풍요를 누리고 살던 그 지역의 나라들과 자원도 풍부하지 않고 환경도 열악했던 유럽 나라들 간의 역전이 일어난 것을 '자원의 저주'resource curse라 부른다. 자원 개발만으로도 돈이 풍족하니 제조업이나 서비스업 등의 발전을 게을리하고, 통화량이 늘어나서 인플레이션이 일어나고, 빈부의 격차가 오히려 심해진 것이다.

산업화 이전, 즉 농경사회에서는 날씨가 따뜻하고 자원이 풍부해야 풍족하게 먹고 잘살 수 있었다. 그러나 산업화가 일어나면서 경제의 중심이 생산과 유통, 커뮤니케이션으로 이동하면서 자원 채취만으로는 부를 창출하는 데 한계가 있었다. 자원을 자본으로 전환해서 산업을 일으켜야 했는데, 먹고사는 데 문제없고 자원만 팔아서도 잘살 수 있으니까 도전과 개척 정신이 부족해진 것이다.

이제 걱정해야 할 것은 '자본의 저주'다. 산업화 패러다임이 저물고 지식정보사회로 가면서 향후 세계의 중심은 지식을 보유한 국가로 이동할 것이다. 이제는 자원도, 자본도 아니다. 자원을 자본으로 전환하지 못한 나라들이 자원의 저주를 받았듯이, 자본을 지식으로 전환하지 못하는 국가와 기업, 개인 들은 자본의 저주를 겪게 될 것이다.

가치의 원천이 지식으로 이동하고 있다. 지식이란 공부 잘하고 좋은

● 내 안의 야성을 깨워라

학교 나오는 것이 아니라, 얼마나 창의적인가, 뭔가 사고 칠 수 있는 끼와 깡이 있는가를 말한다. 그러한 지식에 목숨을 걸라. 그것이 자본의 저주에서 벗어나는 길이다.

네 인생은 너의 것

부모의 재산은 부모의 것이다. 부모와 자식은 엄연히 다른 개체다. 좀 냉정한 얘기 같지만 인간은 홀로 살아야 하는 고독한 존재임을 절대 잊어서는 안 된다. 누구도 나의 삶을 대신 살아줄 수 없다. 아무리 부모라도 그러하다. 자식이 아플 때 대신 아파주고 싶은 것이 부모의 심정, 대신 죽고라도 싶어진다. 그러나 그럴 수 없는 것이 자연의 이치다.

누군가에게 기대며 내가 어려울 때 도움받을 수 있겠지 생각하는 것은 성숙하지 못한 자세다. 아예 도움을 받겠다는 생각의 싹 자체를 잘라버려야 한다. 부모는 물론이고, 친형제에게도 마찬가지다. 성인이 되어서도 부모에게 돈 달라고 해서는 안 된다. 부모가 왜 돈을 주어야 하는가? 부모 재산 가져다가 흥청망청 탕진하는 사례가 비일비재하다. 부모에게 돈을 타서 쓰다 보면 돈을 벌어야겠다는 갈망도 없어지고, 나중에 필요하면 돈 많은 사람의 도움을 받을 수 있다는 생각에 자생력이 떨어져 결국은 빈자貧者로 전락하는 결과를 낳을 수도 있다.

자신이 어려워지면 형제가 도와주겠지 하는 바람도 철부지의 치기에 불과하다. 형제가 잘산다고 도와줄 수 있을 것 같은가? 아무리 형제애가 좋은 집에서도 그런 경우는 별로 없다. 오히려 부모 유산을 놓고 형제끼리 재판까지 가는 집안이 더 많다. 스스로 인생을 헤쳐 나가고 극복해가려는 마음가짐을 가져야 한다.

청년 시절 나의 실존과 대면하고 처절한 고독을 느껴봐야 한다. 아무도 나를 도와줄 수 없고 인간은 혼자서 살아가야 하는 존재임을 깨달아야 한다. 누구의 도움도, 누구의 돈도 공짜로 받으려는 욕심을 내서는 안 된다.

고故 정주영 회장의 회고록을 읽다가 어린 시절의 에피소드에 고개를 끄덕였던 적이 있다. 어린 시절 매우 가난했는데, 어머니가 아무리 배고프고 힘들더라도 가족이 아닌 남이 그냥 주는 돈은 절대로 받아서는 안 된다고 가르쳤다는 것이다. 한번은 모르는 사람이 준 음식을 받아먹었다가 어머니에게 큰 꾸지람을 들었다고 한다. 도둑질한 것도 아니고 어린아이가 그런 유혹을 이겨낸다는 것은 결코 쉬운 일이 아닐 것이다. 그러나 이와 같은 어릴 적의 작은 훈련 하나가 돈의 원리를 알게 하고 한 사람의 일생을 바꿔놓았다.

어린 시절 돈에 대한 철학과 원칙을 교육받지 못한 사람들은 성인이 되어서도 의존적인 사람이 된다. 일확천금을 꿈꾸고, 누가 나 안 도와주나 기웃기웃하는 사람이 되어버린다. 신용이 없고 금전적으로 남에게 피해를 주는 사람들은 대부분 이런 부류다. 자생하지 못하는 사람들은 사회에서 남들과 공생하는 법을 알지 못하며 타인에게 기생하려 드는 불필요한 존재로 전락한다. 타인에게 무작정 기대서는 안 된다. 자신의 삶은 스스로 책임져야 한다.

돈이 사람을 망치는 원리

부잣집 아이들이 커서는 잘 안 되는 경우가 많다. 어릴 적부터 결핍을 모르고 자라다 보니 스스로 뿌리내리고 열심히 뻗어나가려는 절실함이 없기 때문이다. 또 취직해서 돈을 벌어야겠다는 정당한 욕심도 없다. 공부 좀 못하면 돈으로 유학 가서 스펙 만들면 되고, 집은 물려받을 테고, 부모 재산으로 편히 살면 되니 굳이 일을 하지 않으려는 것이다. 야성도 없고 생명력도 없는 불쌍한 삶으로 전락하고 만다. 대개 사회적으로 안정되지 못하고 변변한 직업도 못 갖고 패가망신으로 이어지는 경우가 많은데, 사회적으로 성공을 거두었다 해도 만나서 얘기해보면 그냥 철부지다. 부자 삼대 못 간다는 말이 괜히 나온 얘기가 아니다.

그뿐 아니다. 부모 재산만 믿고 돈을 써대는 청년들은 주위에 친구도 많고 인맥도 넓을 것 같지만 정반대다. 자기중심적인 사람이 될 수밖에 없어 사회성이 떨어진다. 돈이 그렇게 만들기 때문이다.

유리에 은銀을 바르면 무엇이 될까? 거울이 된다. 유리창을 통해서는 바깥세상을 내다볼 수 있고 다른 사람들과 소통할 수 있지만, 거울이 되어버리면 방 안에 있는 나 하나만 비춰 볼 수 있을 뿐이다. 이것

깡 •

이 돈이 사람을 망치는 원리다.

돈[銀]이 많아지면 사람들은 유리창에 돈을 바르기 시작하고, 세상에 대한 관심보다는 자기 자신에 대한 연민이 강해진다. 경쟁적으로 돈을 더 바르려 하고, 유리에 은을 바르면 바를수록 거울은 더 선명해진다. 거울이 선명해질수록 사람들은 자기 얼굴만 들여다보게 되고, 바깥세상과 공동체에 대한 관심은 소홀해질 수밖에 없다. 돈 많은 사람들은 주위에 친구가 많아 보이지만 그건 착시 현상이다.

이렇듯 돈은 사람을 자기중심적으로 바꿔놓고, 자신만의 고치 안에 안주하게 만든다. 이것은 일종의 아스퍼거 증후군^{Asperger Syndrome}, 즉 사회적 자폐 증세다. 철부지의 특징이 이것이다. 삶의 의미와 목적은 잃은 채 목표를 향해 달리며 경쟁만 하다 보니 공동체에 대한 관심과 배려가 없어지는 것이다. 유변공의 말처럼 "재물은 자손을 죽인다".

돈은 그 자체로는 경제를 발전시킬 수 있는 좋은 기제지만, 돌지 못하고 쌓이는 돈은 인간을 이기적으로 만들어 결국 한 사회를 붕괴하게 하는 원인이 된다. 이것이 돈의 저주다.

부모의 재산은 잊어버리라. 그건 부모의 것이다. 또 부모의 힘을 빌려 취직하겠다는 생각도 지워버리라. 요즘은 어디 청탁해서 취직되는 시대가 아니다. 청탁하게 되면 청탁하는 사람과 청탁받는 사람의 관계가 소원해지고 부담감만 생긴다. 스스로 직장을 찾으라. 부모 힘을 빌려 일찍 가는 것보다 좀 늦더라도 스스로 길을 개척해가는 것이 결국에는 더 좋은 결과를 낳는다.

누군가에게 도움을 받아야겠다고 생각하지 말고 혼자 힘으로 알을 깨고 나와야 세상을 훨훨 날아다니는 나비가 될 수 있다. 그렇지 못하면 평생을 꼴불견인 철부지로 살아가야 한다. 지금 아파야 평생을 잘 산다.

매일 부수는 훈련을 하라

모래만다라 이야기를 읽은 적이 있다. 티베트 스님들은 아주 중요한 행사 때 모래만다라를 만든다고 한다. 여러 명이 엎드려 일주일 동안 아주 가는 색모래로 그림을 그리는 것인데, 워낙 정교한 작업이다 보니 불면 날아갈까 호흡도 참아가며 온갖 정성을 다해 열중해야 한다. 그런데 모래만다라를 완성하고 나서 축원을 마치면 곧바로 만다라를 지워버린다.

옆에서 보는 사람들은 '아휴 아까워' 하며 발을 구른다. 저렇게 오래 공들여 만든 것을 단번에 부숴버리다니, 좀 더 놔두면 많은 사람들이 볼 수 있을 테고 아름다움을 충분히 즐긴 뒤에 없애도 될 텐데. 그런데 스님들의 대답이 야野하다. 어차피 모든 것은 무상無常하고, 완성된 모래만다라의 형상은 보는 사람들의 마음에 가득 남아 있다는 것이다.

평생 고생하며 쌓은 재산을 부숴버린다는 것은 아까운 일이다. 그러나 그런 것들은 무상하다. 그걸 붙잡고 있으면 오히려 자녀들에게 질곡을 씌우는 꼴이 될 수 있다. 자녀들 입장에서도 부모의 유산을 조금이라도 받으면 유리해지고 남들보다 한발 앞선 출발선에서 달려갈 수 있다고 생각할 것이다. 그러나 오히려 저주의 덫에 걸릴 수 있다.

사람들은 많은 것을 쌓고 만드는 것을 성공이라 착각한다. 그러나 진정한 성공은 이룬 것을 허물 줄 아는 용기에서 나온다. 손에 쥐었던 것을 놓을 줄도 알아야 하고, 사고思考의 서랍을 엎어 전부 쏟아버리기도 해야 한다. 그것들이 틀을 형성하고 그 틀이 나를 속박하기 때문이다. 사람들은 틀을 만들고는 그것이 진리라고 우긴다. 그러나 진리의 본질은 틀에 가두는 것이 아니라 자유롭게 하는 것이다.

우리 사회가 점점 딱딱하게 굳어가는데, 점점 낭떠러지를 향해 가는데, 우리는 집단사고의 덫에 빠져 헤어 나오질 못한다. 매일 부수는 훈련을 해야 한다.

제로의 경제학

이제는 제로zero의 경제학을 익혀야 한다. 500년 경 인도에서 발견했다는 '0'은 인류의 가장 위대한 발견 중 하나로 손꼽힌다. 십진법과 수열 등 수학과 과학의 발전에 지대한 공헌을 했고, 이것이 결국 산업혁명으로 이어지면서 경제의 수직 상승을 가져왔다. '0'을 좋아하는 사람은 없다. 특히 경영자들은 제로 상태로 가는 것을 두려워한다. 경영 성과가 제로로 가는 것은 실패를 의미하기 때문이다.

그러나 1이나 9처럼 실제 숫자나 단위가 아니라 무無 또는 공空을 의미하는 가상 숫자 '0'에는 마법이 숨어 있다. '0'이라는 마법 없이는 10단위, 100단위, 1000단위로 뛰어넘는 것은 불가능하다. 그저 1부터 9 사이에서 맴돌 뿐이다. 이제 모든 것을 제로로 세팅하고 당신을 벼랑 끝에 세워보라. 그것이 뛰어오를 수 있는 유일한 방법이다.

깨뜨리고 버리는 작업에는 반드시 고통이 수반한다. 그러나 고통 없이는 성숙도 없고 자유도 없다. 과감하게 엎어버리자! 단, 그 앞에 수식어가 붙어야 한다. 아파서 쓰릴 정도로, 그래서 완전히 정신을 잃어버릴 때까지!

오늘 당장 부모의 유산을 포기하겠다고 선언하라. 그리고 당당히 성년식을 치르라. 홀연히 일어서서 용기 있게 자신의 길을 걸어가야 한다. 그것이 저주의 마법을 푸는 유일한 방법이다.

미쳐야
산다

단무지 청춘 선언

2010년 3월 어느 날, 고려대 게시판에 '오늘 나는 대학을 그만둔다. 아니, 거부한다!'라는 대자보가 붙었다. 고려대 경영학과 3학년 김예슬이라는 학생이 쓴 글이었다. 이 글을 읽으면서 가슴이 먹먹해지고 나도 모르게 눈물이 흘렀다.

오늘 나는 대학을 그만둔다. 아니, 거부한다! G세대로 '빛나거나' 88만 원 세대로 '빛내거나', 그 양극화의 틈새에서 불안한 줄타기를 하는 20대. 그저 무언가 잘못된 것 같지만 어쩔 수 없다는 불안과 좌절감에 앞만 보고 달려야 하는 20대. 그 20대의 한가운데에서 다른 길은 이것밖에 없다는 마지막 남은 믿음으로.

• 네 안의 야성을 깨워라

이제 나의 이야기를 시작하겠다. 이것은 나의 이야기이지만 나만의 이야기는 아닐 것이다. 나는 25년 동안 경주마처럼 길고 긴 트랙을 질주해왔다. 우수한 경주마로, 함께 트랙을 질주하는 무수한 친구들을 제치고 넘어뜨린 것을 기뻐하면서. 나를 앞질러 달려가는 친구들 때문에 불안해하면서. 그렇게 소위 '명문대 입학'이라는 첫 관문을 통과했다. 그런데 이상하다. 더 거세게 나를 채찍질해봐도 다리 힘이 빠지고 심장이 뛰지 않는다. 지금 나는 멈춰 서서 이 경주 트랙을 바라보고 있다. 저 끝에는 무엇이 있을까? '취업'이라는 두 번째 관문을 통과시켜줄 자격증 꾸러미가 보인다. 너의 자격증 앞에 나의 자격증이 우월하고 또 다른 너의 자격증 앞에 나의 자격증이 무력하고, 그리하여 새로운 자격증을 향한 경쟁 질주가 다시 시작될 것이다. 이제야 나는 알아차렸다. 내가 달리고 있는 곳이 끝이 없는 트랙임을. 앞서 간다 해도 영원히 초원으로는 도달할 수 없는 트랙임을.

이제 나의 적들의 이야기를 시작하겠다. 이 또한 나의 적이지만 나만의 적은 아닐 것이다. 이름만 남은 '자격증 장사 브로커'가 된 대학, 그것이 이 시대 대학의 진실임을 마주하고 있다. 대학은 글로벌 자본과 대기업에 가장 효율적으로 '부품'을 공급하는 하청업체가 되어 내 이마에 바코드를 새긴다. 국가는 다시 대학의 하청업체가 되어, 의무교육이라는 이름으로 12년간 규격화된 인간제품을 만들어 올려 보낸다. 기업은 더 비싼 가격표를 가진 자만이 피라미드 위쪽에 접근할 수 있도록 온갖 새로운 자격증을 요구한다. 이 변화 빠른 시대에 10년을 채 써먹을 수 없어

낡아 버려지는 우리는 또 대학원에, 유학에, 전문 과정에 돌입한다. 고비용 저수익의 악순환은 영영 끝나지 않는다. '세계를 무대로 너의 능력만큼 자유하리라'는 세계화, 민주화, 개인화의 넘치는 자유의 시대는 곧 자격증의 시대가 되어버렸다. 졸업장도 없는 인생이 무엇을 할 수 있는가? 자격증도 없는 인생이 무엇을 할 수 있는가? 학습된 두려움과 불안은 다시 우리를 그 앞에 무릎 꿇린다.

생각할 틈도, 돌아볼 틈도 주지 않겠다는 듯이 또 다른 거짓 희망이 날아든다. 교육이 문제다, 대학이 문제다, 라고 말하는 생각 있는 이들조차 우리에게 이렇게 말한다. "성공해서 세상을 바꾸는 '룰러'가 되어라." "네가 하고 싶은 것을 해. 나는 너를 응원한다." "너희의 권리를 주장해. 짱돌이라도 들고 나서!" 그리고 칼날처럼 덧붙여지는 한 줄, "그래도 대학은 나와야지." 그 결과가 무엇인지는 모두가 알고 있으면서도.

큰 배움도 큰 물음도 없는 '대학大學' 없는 대학에서, 나는 누구인지, 왜 사는지, 무엇이 진리인지 물을 수 없었다. 우정도 낭만도 사제 간의 믿음도 찾을 수 없었다. 가장 순수한 시절 불의에 대한 저항도 꿈꿀 수 없었다. 아니, 이런 건 잊은 지 오래여도 좋다. 그런데 이 모두를 포기하고 바쳐 돌아온 결과는 정녕 무엇이었는가. 우리 20대는 끝없는 투자 대비 수익이 나오지 않는 '적자 세대'가 되어 부모 앞에 죄송하다. 젊은 놈이 제 손으로 자기 밥을 벌지 못해 무력하다. 스무 살이 되어서도 내가 뭘 하

• 네 안의 야성을 깨워라

고 싶은지 모르고 꿈을 찾는 게 꿈이어서 억울하다. 이대로 언제까지 쫓아가야 하는지 불안하기만 한 우리 젊음이 서글프다.

나는 대학과 기업과 국가, 그리고 대학에서 답을 찾으라는 그들의 큰 탓을 묻는다. 깊은 분노로. 그러나 동시에 그들의 유지자가 되었던 내 작은 탓을 묻는다. 깊은 슬픔으로. '공부만 잘하면' 모든 것을 용서받고 경쟁에서 이기는 능력만을 키우며 나를 값비싼 상품으로 가공해온 내가, 이 체제를 떠받치고 있었음을 고백할 수밖에 없다. 이 시대에 가장 위악한 것 중에 하나가 졸업장 인생인 나, 나 자신임을 고백할 수밖에 없다.

그리하여 오늘 나는 대학을 그만둔다. 아니, 거부한다! 더 많이 쌓기만 하다가 내 삶이 한번 다 꽃피지도 못하고 시들어버리기 전에. 쓸모 있는 상품으로 '간택'되지 않고 쓸모없는 인간의 길을 '선택'하기 위해. 이제 나에게는 이것들을 가질 자유보다는 이것들로부터의 자유가 더 필요하다. 자유의 대가로 나는 길을 잃을 것이고 도전에 부딪힐 것이고 상처받을 것이다. 그러나 그것만이 삶이기에, 삶의 목적인 삶 그 자체를 지금 바로 살기 위해 나는 탈주하고 저항하련다. 생각한 대로 말하고, 말한 대로 행동하고, 행동한 대로 살아내겠다는 용기를 내련다.

학비 마련을 위해 고된 노동을 하고 계신 부모님이 눈앞을 가린다. '죄송합니다, 이때를 잃어버리면 평생 나를 찾지 못하고 살 것만 같습니다.'

깡 •

많은 말들을 눈물로 삼키며 봄이 오는 하늘을 향해 깊고 크게 숨을 쉰다.

이제 대학과 자본의 이 거대한 탑에서 내 몫의 돌멩이 하나가 빠진다. 탑은 끄떡없을 것이다. 그러나 작지만 균열은 시작되었다. 동시에 대학을 버리고 진정한 大學生의 첫발을 내딛는 한 인간이 태어난다. 이제 내가 거부한 것들과의 다음 싸움을 앞에 두고 나는 말한다.
그래, "누가 더 강한지는 두고 볼 일이다."

_ 2010년 3월 10일 김예슬

아, 뭐라 얘기해야 할까? 이건 좋은 직장을 그만두는 것과는 차원이 다른 문제다. 안타까웠다. 1, 2년만 더 다니면 졸업할 텐데, 그녀의 표현대로 요즘 세태에 "졸업장도 없는 인생이 무엇을 할 수 있는가?" 졸업장이 있으면 더 유리한 고지에서 자신의 뜻을 펼 수 있을 텐데, 얼마 남지 않은 상황에서 군이 자퇴해야 할까 하는 아쉬움 때문이었다.

그런 점에서 김예슬은 무식했다. 아니 무식을 자처했다는 표현이 더 적합하겠다. 또 단순했다. 정 그렇다면 일단 휴학하고 생각을 정리할 시간을 가질 수도 있었을 텐데. 지랄맞기도 하다.

만일 내 아이가 어느 날 갑자기 얘기 좀 하자면서 대학을, 그것도 '하늘대'를, 단칼에 그만두겠다고 한다면 나는 그렇게 하라고 말할 수 있을까? 자기가 무슨 빌 게이츠나 스티브 잡스라도 된다고? 자기가 무슨 축구선수 이청용이라고? 솔직히 흔쾌히 허락할 용기가 아직 내겐 없다. 내가 힘든 건 견딜 수 있어도 자식이 힘든 건 못 참는 '이기적 유전자' 평계를 댈 수도 있겠지만, 나는 아직도 먹물이 빠지지 않은 속물이다.

'김예슬 대학 거부 선언'을 읽으면서 청춘다운 야성이 부러웠고, 한편으로는 촌철살인의 글이 신나고 통쾌하기도 했다. 남의 자식 얘기라고 쉽게 하는지도 모른다. 청춘들에게 야성을 가지라고, '단무지'가 되라고 하면서 정작 나는 행동하지 못하는 이중성이 부끄럽기도 하다. 그래서 더 마음이 찔렸고, 거친 야생에서 그녀가 겪어야 할 일들이 걱정되어 마음이 아려왔다.

죽고자 하면 산다

청년 시절, 내 마음을 늘 찌르던 것이 있었다. 성경에 나오는 어느 청년의 이야기다. 큰 부자였던 청년은 어느 날 예수를 찾아갔다. 그는 돈도 많고 사회적 지위도 대단했지만 늘 마음속에 어떤 삶이 진정 생명 있는 삶인가 하는 갈증이 있었던 모양이다. 그래서 예수께 묻는다.

"선생님, 무엇을 해야 영생을 얻을 수 있습니까?"

"네가 생명에 들어가려면 계명들을 지켜라."

"선생님, 이것은 어려서부터 다 지켰습니다."

청년은 반듯한 생활을 하는 사람이었다. 청렴결백하고 남들과 나눌 줄도 알고, 성실하게 자신의 삶을 살아가는 엘리트였을 것이다. 그렇지만 '이게 다가 아닌데' 하는 생각이 있었던 것이다. 예수의 다음 말에 청년은 슬픈 기색을 띠고 근심하며 돌아간다.

"네 재산을 가난한 사람들에게 주고, 너는 나를 따르라."

한마디로 단무지가 되라는 것이다. 정말 쉬운 일이 아니다. 편안한 자리를 박차고 야생으로 나가 개고생을 자처하는 것은 무식하고 바보 같은 짓이다. 굳이 그렇게까지 하지 않아도 되는 것 아닌가? 이 이야기가 내내 맴돌았던 이유가 그것이다.

그런데 인류에게 큰 감동과 교훈을 준 성인들이 자신의 삶으로 그것을 보여주었다. 예수가 그랬고, 석가모니가 그랬다. 죽기를 각오해야 진짜 생명을 얻을 수 있고, 오히려 살겠다고 잔꾀 부리면 생명을 잃는 역설이 진리다. 우리 머릿속에 박힌 세속적인 효율성이, 박제된 지식들이 단무지 삶을 방해하고 있다.

벼랑 끝에 반전이 있다

한漢나라가 춘추전국시대를 끝내고 중국을 통일할 수 있었던 결정적인 계기는 조趙나라와의 한판 전쟁이었다. 한나라 고조 유방은 한신에게 병사 3만 명을 주면서 조나라와의 전쟁을 치르게 했다. 그러나 조나라의 병력은 20만 명. 넘을 수 없는 거대한 벽에 부딪힌 것이다. 이때

● 네 안의 야성을 깨워라

한신이 사용한 병술이 배수진이었고, 이 전쟁에서 승리하고 2년 뒤 한 나라는 천하를 제패한다.

강을 등 뒤에 두고 진영을 갖추는 것은 병서에 나와 있는 병법과는 정반대의 것이었다. 병법 교과서에는 산과 언덕을 뒤로하고 진을 치라고 쓰여 있다. 즉, 기존 교과서에는 없는 무식한 얘기다. 배수진을 치라는 한신의 명령에 부하 장수들은 모두 반발한다. 매뉴얼과 다르기 때문이다.

그러나 한신의 생각은 달랐다. 그래야 죽기를 각오하고 싸울 것이기 때문이었다. 치지사지이후생置地死地而後生, 죽을 곳에 서본 뒤에 살길을 찾을 수 있는 것이다. 살고자 하면 죽고 죽고자 하면 사는 것이 세상의 이치다. 그런데 한신은 한술 더 뜬다. 먹을 양식을 강에 버리고, 밥솥을 깨뜨리고, 타고 온 배는 몽땅 부숴버렸다.[破釜沈舟]

모든 것을 백지 상태로 놓고 벼랑 끝으로 몰아세운 한신의 용단이 한나라의 천하통일을 가져온다. 사람들은 뭔가 좋은 일이 생기기 시작하고 순풍이 예상될 때 기회가 오고 있다고 말한다. 그러나 그것은 가짜다. 진짜 기회는 벼랑 끝에 있다. 벼랑 끝에 새로운 세상이 있고, 벼랑 끝에서 실존적 고독과 죽음에 직면하는 극도의 공포를 극복한 뒤에야 새로운 반전이 시작되기 때문이다. 한신이 벼랑 끝에 서서 죽으리라는 각오로 위험을 대면하지 않았더라면 한나라의 영광은 없었을 것이다.

사람들은 흔히 벼랑을 길이 끝나는 곳이라고 생각한다. 그러나 길은

깡 •

육로만 있는 것이 아니다. 바닷길도 있고 날아가는 공중길도 있다. 벼랑은 다른 세계로 들어가는 국경인 셈이다.

그래, 분명 다른 차원의 세계로 들어가는 다른 길이 있다. 눈에 보이는 길이, 진짜 길이 아닐 수 있는 것이다. 나는 김예슬 양의 미래 삶에 반전이 있으리라 확신한다. 아니, 그래야만 한다. 남들과는 다른 길, 좁은 문으로 들어간 그녀의 결단이 우리 사회에 좋은 씨앗을 뿌렸고, 그것이 널리 퍼져나가 결국에는 풍성한 열매를 맺을 것이다. 그래야 우리나라 좋은 나라다.

죽은 시인이 살아나는 사회

우리 사회가 죽어가고 있다. 우울증과 조울증을 앓는 사람을 비롯해 자살률이 갈수록 높아진다는 사실이 그것을 방증한다. 몇 년 전, 놀라운 기사를 읽은 적이 있다. 우울증이나 조울증으로 병원에서 치료를 받은 경험이 있는 사람이 265만 명이나 된다는 것이다. 계산을 해보니 대한민국 인구의 5.5퍼센트에 해당하는 숫자였다. 주위의 시선 때문에, 또는 몰라서, 아니면 아직은 증세가 심각하지 않아서 병원에 가지 않은 사람들까지 합하면 265만 명은 빙산의 일각일 터이니, 내가 만나고 부딪히는 사람 10명 중 적어도 두세 명은 우울증에 시달리고 있는 것 아닐까, 아이고 이거 보통 일이 아니구나 하는 생각이 들었다.

● 네 안의 야성을 깨워라

통계자료에 따르면 우울증에 걸린 사람 10명 중 2명은 자살을 시도한 적이 있다고 한다. 그렇다면 우리나라 사람 100명 중 1명은 자살을 시도했다는 얘기이며, 수면 아래 있는 사람들까지 고려하면 그 수는 몇 배가 될지 모를 일이다.

갈수록 그 숫자는 늘어날 공산이 크다. 청년실업률과 퇴직자의 증가, 가족 개념과 형태의 변화, 우리나라가 전 세계에서 늙어가는 속도가 가장 빠르다는 사실까지 고려하면, 우리 사회는 분명 갈수록 우울해질 것이기 때문이다.

우울해지는 원인은 크게 세 가지가 없어지기 때문이다. 그것은 꿈, 일, 그리고 시詩다. 우리 사회에 꿈을 꾸게 하는 대인大人을 찾아보기 힘들고, 모든 것을 시스템화하고 매뉴얼에 따라 움직이면서 사람들이 일을 빼앗기고 있다. 무엇보다 심각한 것은 우리 사회에 시인들이 사라지고 있다는 점이다.

천박한 성공학의 언어들이 시어詩語를 고갈시키고, 자기 몸이나 챙기려는 소인배들의 소아적 행태가 우리 눈과 귀를 어지럽히는 한, 우리 사회는 우울증에서 빠져나오기 어렵다. 시를 듣고 싶은데 소음 때문에 들리지 않고, 시인을 만나고 싶은데 숨어서 나오지 않는다.

야성이 회복되는 사회, 죽은 시인들이 다시 살아나는 사회가 되어야 한다. 처방전은 단무지 정신밖에 없다. 그래야 우리 사회, 죽음의 병이 치유되고 생명력이 살아날 수 있다.

미친 사람들이 세상을 바꾼다

청춘들이 어릴 적부터 주입받은 경쟁의식에 사로잡혀 눈앞의 그림자 좇느라 삶을 허비하지 말고, 낯선 세계를 개척하며 남들이 가지 않은 거친 길도 걸어봐야 한다. 돈이나 명예가 주는 쾌락은 사람을 부패하게 하지만 창조의 쾌락은 생기를 불어넣는다.

지나치게 효율성만 추구하지도 말라. 약은 사람보다는 바보 같은 사람에게 더 끌리는 법이다. 내가 좀 손해 보면 어떤가? 내가 손해 보면 다른 사람이 이익 볼 것 아닌가. 그게 그렇게 배 아프고 억울한 일일까? 우리 사회에 팽배해 있는 소아적 효율성, 눈앞의 이利만 좇는 소인배적 근성으로는 다가오는 재앙을 피할 길이 없다.

내가 좋아하는 애플 광고 중에 1990년대 말 'Crazy Ones'라는 광고 캠페인이 있었다. 카피는 이렇다.

여기 미친 사람들이 있다.

사회부적응자, 혁신가, 말썽쟁이, 네모난 구멍에 둥그런 못과 같은 존재, 세상을 다르게 바라보는 사람들이 있다. 그들은 규범에 얽매이는 것을 싫어한다. 그리고 현재 상태에 만족하지 않는다.

우리는 그들을 좋아하거나 싫어하거나 비판하거나 숭배할 수 있다. 하지만 절대로 무시할 수는 없다.

그들이 세상을 바꾸고 있기 때문이다.

●네 안의 야성을 깨워라

그들이 있기에 인류는 앞으로 나아간다.

많은 사람들이 그들을 미쳤다고 하지만 우리는 그들 속에서 천재성을 본다. 자신이 세상을 바꿀 수 있다고 믿을 만큼 충분히 미친 사람들이 세상을 바꾼다.

레밍 떼에서 빠져나와 거꾸로 달려가야 한다. 더럽게 살고, 손해 보고 살고, 미친 사람처럼 지랄맞게 살아야 한다.

깡●

꾀

창업하라,
끝없이 실패하라

"중요한 것은 어느 분야에서 어떤 일을 하건

'내가 곧 벤처' '내가 곧 브랜드'라는 야성을 잃지 않는 것.

월급이나 받아먹고 철밥통을 지키려는 소인배가 되어서는 안 된다.

기성세대를 믿지 말라. 자기 미래는 스스로 개척해가야 한다."

내가 곧
사업이다

도시로 떠난 토머스

16세기 영국의 한 농촌에 토머스라는 청년이 살고 있었다. 토머스의 집은 소작농으로 영주의 땅에 농사를 짓고, 수확물 일부를 영주에게 세금으로 바쳤다. 농사가 잘 안 되는 것은 아니나 영주들이 받아 가는 세금이 많아지다 보니 점점 살기가 어려워졌다. 더군다나 농경 기술이 좋아지니까 농사에 필요한 인원도 줄어들었다.

청년 토머스는 할 일이 없었다. 한마디로 실업자였던 것이다. 자신의 고향인 농촌이 답답했던 그때 도시에 가면 일자리를 얻을 수 있다는 소문을 들었다. 토머스는 가출을 결심했다. 고향에서 빈둥빈둥 노느니 한번 가보자고 생각한 것이다. 야반도주하다시피 고향을 떠나 며칠이 걸려 도시에 도착했다.

생전 처음 도시라는 곳에 도착한 토머스는 눈이 휘둥그레졌다. 시장에는 처음 보는 희귀한 제품들이 넘쳐나고 각지에서 사람들이 몰려들다 보니 요식업, 숙박업, 문화산업, 오락산업, 건설 현장 등이 생겨나면서 '사람 구함'이라는 팻말이 여기저기 붙어 있었다. 토머스는 일자리를 구했다. 일은 고되지만 집에서 놀 때에 비하면 정말 행복한 시간이었다. 월급도 예상보다 훨씬 많았다. 도시에서 자리를 잡고 나름대로 성공을 거둔 셈이다.

휴가를 내서 고향에 한번 가기로 했다. 고향을 찾은 토머스는 영웅이었다. 소문을 듣고 몰려온 동네 친구들에게 그는 무용담을 늘어놓기 시작했다. 도시라는 새로운 기회의 땅이 있는데 거기에 가면 취직도 할 수 있고 월급도 많다고 말이다. 토머스의 애기를 들은 청년들은 도시에 한번 가봐야겠다는 결심을 하게 된다. 1명, 2명, 이렇게 농촌 청년들은 도시로 이동해갔다.

이것은 내가 만들어낸 이야기지만 실제로 중세 봉건제도가 붕괴되던 때의 역사다. 중세 봉건제도 아래 농촌에 있던 유휴노동력(실업자)이 도시로, 시장으로 이동하면서 도시와 시장이 새로운 기회의 땅으로 떠오르고, 농촌과 도시 간의 가치 창출력이 역전되면서 봉건제도가 붕괴될 때 엑소더스^{exodus}가 일어났던 것이다.

우리나라가 산업화하는 과정에서도 마찬가지였다. 젊은이들이 도시로 이동하면서 노인들만 남은 농촌은 사회 중심으로부터 멀어져갔다. 이것이 농경사회에서 산업사회로 넘어올 당시의 풍경이었는데, 그때 일어났던 대이동(엑소더스)의 역사가 다시 산업사회에서 지식정보사회로 넘어가면서 비슷하게 재연되고 있다.

기업은 해체될 것이다

이러한 역사는 기업의 미래를 예고한다. 대학을 졸업하는 청년들은 늘어나는데 기업의 고용 창출력은 갈수록 떨어지고 있다. 이것은 단지 경기가 안 좋아서가 아니다. 경기이론으로는 지금 일어나는 현상을 설명할 수 없다. 구조적인 문제다. 실업 상태에 있는 이 청년들이 가만히 있을까? 아니다. 이중에는 토머스 같은 청년이 있다. 모험을 무릅쓰고 벤처에 도전하거나, 새로운 기회의 땅을 탐색해 그곳에서 성공 사례를 만들어내고 다른 친구들을 꼬드기는 사람이 반드시 나온다.

그곳이 기업이라는 곳보다 더 매력적이고 돈도 잘 벌 수 있다는 믿음이 생기면서 기업과의 가치 창출력은 역전될 것이고, 그 결과 농경사회에서 산업사회로 넘어갈 때 농촌이 소외되었듯이 10여 년 뒤에는 기업도 경제 시스템의 중심에서 멀어질 것이다. 이것이 기업 해체의 예상 시나리오다.

벌써 그 징조는 곳곳에서 나타나고 있다. 2000년대 초 벤처 열풍이 한창일 때 대기업 직원들이 벤처로 자리를 옮기는 사례가 많았다. 당시 대학 졸업생들에게 실시한 설문에서도 대기업보다는 벤처 선호도가 높았다. 그 보도를 보면서 중세 때 농촌에서 도시로 이동하던 역사가 재연되고 있구나 하는 생각이 들었다. 지금은 벤처 열풍이 식었지만 그 불씨는 아직 살아 있다. 조만간 벤처 열풍은 또다시 거세질 것이다. 그것은 거스를 수 없는 귀결이다.

재미있는 것은 청년실업률은 높아지는데, 그 어려운 대기업 입사에 성공한 신입 사원 중 1년이 안 돼서 회사를 떠나는 비율이 28퍼센트나 된다는 사실이다. 어렵게 들어간 회사를 서너 명 중 1명은 1년을 넘기지 못하고 그만두는 이유는 무엇일까? 가장 큰 이유는 기대했던 것과 다르고, 자신의 비전과 부합하지 않기 때문일 것이다. 쉽게 말해 재미없어서다.

이제 점점 기업에 대한 매력이 떨어지고 있다. 대기업이 안정된 직장이고 성공을 보장한다는 공식도 깨지고 있다. 그 이유는 한마디로 기업이 변화하는 환경에 대한 적합성을 잃어가기 때문이다. 공룡과 같은 결말을 맞게 되리라 예측하는 것도 이 때문이다.

커뮤니티가 중심으로 부상한다

그렇다면 기업을 대체하는 새로운 기회의 땅은 어디일까? 직업을 찾지 못하는 청년들은 어디로 이동할까? 바로 커뮤니티다.(커뮤니티란 모임 또는 공동체라고 번역할 수 있는데, 오프라인상의 각종 모임들, 온라인상의 블로그, 카페, SNS 등을 들 수 있다.) 나는 커뮤니티의 발전과 진화에 주목하고 있는데, 향후 커뮤니티가 기업이라는 시스템을 대체할 것이라고 확신한다. 그뿐 아니다. 커뮤니티는 미디어 기능을 갖게 될 것이며, 시장market의 유통 기능도 대체하게 될 것이다.

이미 블로그나 SNS 등 소셜미디어가 매스미디어의 힘을 능가하는 현상이 나타나고 있다. 기동력에서 신문방송 기자들이 일반인을 따라잡을 수 없다. 비행기 추락 사고를 제일 먼저 전한 사람이 누구던가? 추락 비행기에 탑승하고 있던 승객이 트위터로 소식을 알렸다. 기자들이 무슨 수로 사고가 나리라 예상하고 현장에 가 있을 수 있겠는가? 스마트폰에 디카와 캠코더 기능이 들어가면서 모든 사람들이 특종 기자가 된 것이다.

파급력은 어떠한가? 네트워크를 타고 퍼져나가는 SNS의 힘은 막강하다. 과거 언론이 가지고 있었던 권력이 소셜미디어로 이동하고 있다. 조만간 힘의 역전이 일어나 소셜 뉴스들이 기존 신문사나 방송국 역할을 대체하게 될 것이다. 커뮤니티가 미디어 기능을 대신하는 것이다. 미국의 슈퍼블로거인 댄 길모어가 "We the Media"우리가 곧 미디어다라고 한 자신감도 여기에 있다.

그뿐 아니다. 커뮤니티가 유통 기능을 대신하는 변화도 나타나고 있다. 예를 들어, 옷을 살 때 지금까지는 오프라인 매장이나 온라인 쇼핑몰, 오픈마켓 등을 이용했다. 그런데 요즘은 개인 블로그나 SNS상에서 공동구매하는 사례가 늘어나고 있다. 쇼핑몰이나 오픈마켓 등에서 옷을 고르려면 시간이나 노력이 너무 많이 든다. 정보 과잉 때문이다. 그보다는 옷에 센스 있는 오피니언 리더의 말을 따르는 편이 낫다. 내가 좋아하는 취향의 옷을 많이 알고 있는 사람 블로그에 가서 구매하는 것이다. 가격도 저렴하고 여기저기 돌아다닐 필요도 없다.

이것이 큐레이션^{curation}이다. 미술관의 큐레이터가 작품들을 선별 전시하고 판매하듯이 자신의 블로그나 SNS에 상품을 모아놓고 정보를 제공하며 유통 기능을 하는 것이다. 큐레이션 비즈니스의 선두 SNS인 핀터레스트^{Pinterest}가 급부상하는 이유도 미래가 밝다고 판단하기 때문이다. 페이스북이 사진 공유 SNS, 인스타그램을 10억 달러라는 금액에 인수한 까닭도 여기에 있다.

블랙 프라이데이 돌풍에서 경험했듯이 이제는 해외든 국내든 직구하는 사람들이 늘어나는 추세다. 인터넷으로 전 세계가 링크되면서 정보가 투명해졌고, 정보의 흐름이 원활해졌기 때문이다.

청년 창업은 기회의 땅

지금 이 순간에도 온라인이나 오프라인에서 수많은 커뮤니티들이 생겨나고, 플랫폼은 무서운 속도로 진화하고 있다. 사람들이 기업에 취직해 조직 내에서 일하는 형태가 아니라 네트워크로 연결된 커뮤니티가 일터가 되고, 거기에서 다른 사람들과 협업하여 가치를 창출하면서 돈을 버는 방식으로 변할 날이 얼마 남지 않았다.

청년 창업의 기회는 여기서 찾을 수 있다. 과거의 창업과는 다른 패러다임으로 접근해야지, 기존 방식으로 창업하는 것은 사회 경험과 자본이 부족한 청년들 입장에서 경쟁 우위를 점하기 어렵다. 오히려 디지털 원주민digital native이라는 비교 우위점을 이용해서 커뮤니티를 활용해 작은 사업부터 시도해봐야 한다.

커뮤니티를 통해 일하는 시나리오를 학습참고서를 예로 들어보자.

참고서를 만드는 회사는 시장과 소비자를 분석해서 신제품을 기획, 개발한다. 이것을 서점이나 학원 등의 유통 채널을 통해 소비자 가까이로 보내놓고 커뮤니케이션 채널을 통해 광고나 판촉 등을 함으로써 판매하는 방식이 지금까지의 전형적인 비즈니스 공식이었다.

그런데 학생들의 성적을 올리는 데 경험과 전문성을 가지고 있는 사람들이 자신의 블로그를 운영하며, 그 블로그에는 하루에도 수천 명이 다녀가면서 정보를 주고받는다. 이들은 커뮤니티를 형성하면서 새로운 학습 방법에 대해 토론하고 기존 참고서를 통한 학습 방법의 문제점을 지적하며, 스스로 문제(콘텐츠)도 만들고 자기 자녀에게 맞춤형 학습 방법을 설계할 수 있다.

여기에는 학습 전문가, 교사, 학부모, 학생 자신, 대학생 등이 참여하는데, 이들은 참고서 회사의 상품개발실에 있는 직원들보다 훨씬 더 현실적이며 기발한 아이디어들을 가지고 있을 수밖에 없다. 생각해보시라.

열려 있는 커뮤니티의 경쟁력이 닫혀 있는 기업보다 더 뛰어날 수밖에 없는 것은 당연한 이치다.

이 과정에서 좋은 콘텐츠나 솔루션을 제공하는 사람은 돈을 벌 수도 있음을 알게 되면서 커뮤니티는 더욱 활성화될 것이며, 학습 비즈니스는 커뮤니티를 중심으로 이루어질 것이다. 참고서 회사는? 참고서 회사는 커뮤니티가 각 개인별로 맞춤화한 콘텐츠를 인쇄, 제본해주는 하청업체로 전락할 수도 있다.

이 가치 사슬에서 누가 가치의 리더십을 갖는가는 분명하다. 지금까지는 참고서 기업이 시장과 소비자에 대한 정보를 독점하고 있으면서 그 정보를 바탕으로 참고서를 기획, 개발함으로써 가치 사슬의 중심에 있을 수 있었지만, 이제는 소비자들이 정보를 쉽게 획득, 공유할 수 있고, 일반인들의 지식과 전문성이 높아지면서 커뮤니티를 중심으로 가치 사슬이 재편되는 역전이 일어나는 것이다.

이런 변화가 일어날 때 기업이 선택할 수 있는 대안은 매우 한정될 수밖에 없다. 낮은 부가가치를 견디든지, 아니면 아직은 산업화 패러다임이 듣는 개발국으로 가는 것이다. 기업과 커뮤니티의 역전, 이것은 결코 먼 미래의 시나리오가 아님을 명심해야 한다. 이미 시작된 현실이다.

_ 졸저, 『마케팅은 마술이다』, 정민미디어, 2005

가치가 이동하고 있다

이곳 커뮤니티에서는 정보의 교환과 유통뿐 아니라 콘텐츠 거래도 일어날 수 있다. 여기서는 참여자 한 사람 한 사람이 모두 비즈니스의 주체가 된다. '내가 곧 사업'인 것이다. 수많은 일자리가 창출되고, 시간 대비 돈벌이도 기업에 취직하는 것보다 좋을 것이다. 여기서는 나이나 학력은 중요하지 않다. 창의성과 자신만의 콘텐츠, 즉 지식이 가치를 창출하는 핵심이다. 그래서 지식시대라고 하는 것이다.

농경사회에서는 농촌이 가치의 중심지였다. 그 가치가 산업화되면서 시장으로 이동했는데, 지식사회로 이행하면서 커뮤니티로의 대이동이 일어날 것이다.

이미 사람들이 광장으로 나오는 이동이 시작됐다. 광장이 플랫폼이다. 이제는 제품을 만들어 파는 비즈니스보다 플랫폼 비즈니스가 더 큰 부가가치를 창출하는 시대로 변화하고 있다. 구글이나 페이스북, 카카오톡 등이 대표적인 플랫폼 비즈니스다. 거기에 사람들이 모이고 거기에서 비즈니스도, 휴먼 네트워킹도 일어난다. 결국 커뮤니티가 새로운 도시의 중심이 되며, 커뮤니티와 커뮤니케이션하는 방법을 모르면 비즈니스도 못하고 휴먼 네트워크도 형성하지 못할 것이다.

이제는 '일류 대학 — 일류 기업 — 성공'이라는 좁은 틀에서 벗어나 온라인과 오프라인상의 많은 커뮤니티에 가입해 열심히 활동해야 한다. 블로그와 SNS에도 적극적이어야 하는 것이다. 그런 인프라를 활용해 작은 사업도 시도해볼 수 있다. 학생이든 직장인이든 누구나 할 수 있는 일이다. 마음만 있다면 초등학생도 할 수 있다.

10여 년 뒤에는 별 볼 일 없는 사람만 회사에 남고, 창의적이고 비즈니스 능력이 있는 사람은 훨씬 더 높은 가치를 만들어내면서 새로운 부자 그룹을 형성하게 될 것이다.

내가 곧 브랜드다

근원적인 변화를 이해하고 대비해야 한다. 산업사회의 성공 방정식에 얽매어 있는 사람들은 미래사회에 부적합하다. 당분간 기업은 존속할 것이고, 그 영향력은 남아 있을 것이다. 그러나 오래가지 못한다.

청년들이 지금부터 '내가 곧 사업' '내가 곧 브랜드'라는 야성을 키워야 한다. 자격증에 투자하는 시간에 블로그를 운영하거나 소셜 기자 혹은 큐레이터 활동을 하거나 오픈마켓에서 작은 소품부터 팔아보는 연습을 하는 것이 현명하다. '나는 공무원 될 건데, 나는 선생 할 건데, 나는 의사 될 건데 왜 그래야 하지?' 이런 생각을 하는가? 무슨 일을 하고 어떤 직업을 갖더라도 비즈니스 마인드를 갖고 하는 것과 기존 방식대로 하는 것은 하늘과 땅 만큼 차이가 난다. 비즈니스란 돈 버는 행위가 아니라 가치를 창출하는 모든 일을 의미한다.

그런 야성을 갖고 준비해야 회사에 매달리는 사람이 아니라 회사가 붙잡는 사람이 될 수 있다. 그 정도는 돼야 '당신네 회사가 나 안 뽑으면 손해나요'라고 공갈도 칠 수 있는 것이다. 회사에 취직해 월급이나 받으면서 철밥통 지키려는 사람은 얼마 못 간다. 회사에 대고 '내가 회사를 위해 이런저런 방법으로 돈 벌어줄 테니 나한테 연봉 얼마 주시오'라고 당당하게 사업계획서를 제안할 수 있는 능력을 갖춰야 한다는 말이다. 그렇게 못하는 사람은 자리에나 연연하게 되고 사회에서도 인정받지 못한다.

미래사회는 우리가 상상하는 것 이상으로 변한다. 그것을 인식하지 못하고 머물러 있다가는 정말 큰일 난다. 이동하라. 끊임없이 움직이라. '내가 곧 사업' '내가 곧 브랜드'라는 야野한 생명력이 넘치지 않는다면, 아무리 돈이 많고 지위가 높다 하더라도 얼마나 초라한 삶이겠는가?

벤처를
부탁해

대기업의 불편한 진실

독일의 저널리스트인 마르틴 베를레가 쓴 책 제목이 재미있다. 『나는 정신병원으로 출근한다』. 부제도 웃긴다. "직장이라 쓰고 정신병원이라 읽는 이들에게 보내는 연서."

책 제목만으로도 짐작 가듯 대기업에 정신병이 판치고 있다는 사실과 '상속받은 정신병'이 기업들을 망가뜨리는 실상을 지적하고 있다. 많은 구직자들이 그토록 들어가고자 열망하는 대기업, 그러나 그 실상은 밖에서 보는 것과는 달리 정신병원 수준이라는 것이다.

대기업에 입사한 신입 사원 중 3분의 1이 1년 내에 퇴사한다. 어린 시절부터 하고 싶은 것 참아가며 스펙 쌓고 수백 대 1의 경쟁률을 뚫고 들어갔는데, 막상 가보니 자신의 생각이나 비전과는 너무 다르고

"

닥치고 시키는 일이나 반복적으로 해야 하는 현실에 실망감을 느꼈기 때문이리라.

대부분의 대학생들은 대기업에 막연한 환상을 가지고 있다. 초등학교 때부터 사교육으로 내몰리면서 SKY에 목매는 것도, 대학 들어가서도 젊음의 낭만과 자유를 포기하고 스펙 만드느라 그렇게 애쓰는 것도 좋은(?) 직장 들어가려는 바람 때문이다. 루저가 되면 안 된다는 경쟁에 대한 강박관념이 청년들의 마음을 사로잡고 있는 것이다.

그런데 대기업이나 공기업 등 신도 부러워한다는 직장들이 1년에 채용하는 신입 사원 수는 구직자 수의 10퍼센트도 되지 않는다. 그 나이대의 인구를 50만 명이라고 치면 그런 직장들의 채용 규모는 5만 명도 되지 않는다. 거기에다 취업 재수생들까지 합하면 합격률은 더 떨어진다. 그나마 처음부터 정규직이 되는 게 아니라 인턴으로 들어가서 계약직을 거쳐 검증받은 뒤 정규직으로 전환되는 방식이다.

문제는 그렇게 들어가서 잘 지내야 할 텐데 적응하지 못한다는 것이다. 그 이유는 단순하다. 기업체가 요구하는 스펙과 내가 다르기 때문이다. 스펙은 영어 단어 'specification'의 줄임말인데 일본인들이 '사양'仕樣이라 번역해서 사용하기 시작했다. 건설업자들이 입찰 공고를 낼 때 부품의 규격이나 크기 등 스펙을 공지하면 업체들이 거기에 따라 가격을 응찰할 때 쓰는 용어다. 스펙이란 단어가 씁쓸한 것은 인간을 부품으로 여기기 때문이다.

이제 큰 기업체들은 시스템으로 돌아가는 시대로 변했다. 여기서 개인의 창의력이나 개성은 무시될 수밖에 없다. 개성이란 남들과 다른 나만의 스타일인데, 기업에 필요한 것은 튀는 인재가 아니라 매뉴얼대로 움직이는, 시스템과 매뉴얼에 딱 맞는 부품과 같은 인재다. 예를 들어, 이 업무에는 가로 세로 얼마에 네모난 사람이 필요하다는 식이다. 대기업들이 외치는 창의성, 상상력, 혁신, 그런 것들은 대외 홍보용일 뿐이다. 대기업 조직 구조상 융합과 혁신은 일어날 수 없다. 부서 간, 업무 간의 경계선이 확고하기 때문이다.

기업 탓만 할 수도 없다. 큰 시스템을 갖춘 조직체가 매뉴얼에 따라 움직이지 않으면 효율성이 떨어지고 굴러갈 수 없기 때문이다. 기업이 작을 때는 개인의 창의성과 능력이 중시되었지만 큰 조직에서는 매우 제한적일 수밖에 없다.

사람이 부품이 되었으니 정신 상태가 온전할 리 없다. 이것은 기업체만의 문제가 아니다. 공무원 조직은 어떤가? 똑똑한 사람 뽑아다 바보 만드는 데가 관료 사회다. 10년만 지나면 웬만한 사람들 다 좀비 된다. 학교 역시 마찬가지다. 그 어렵다는 임용고시를 통과한 수재 선생들이 모여 있는 공교육이 왜 사교육에 맥을 못 추는가? 조직이 안정된 월급을 대가로 사람들의 생명력을 빼앗아 간다.

모든 것은 지나간다

지금은 대기업들이 전성기를 누리고 있다. 그러나 확언하건대 오래가지 못한다. 정상적이지 않은 조직이 어찌 오래갈 수 있겠는가?

많은 미래학자들이 기업의 해체를 예견한다. 기업은 산업혁명의 산물이다. 이전에는 가족공동체가 생산의 주체였다가 산업혁명이 일어나면서 경제의 패러다임이 대량^{mass}으로 바뀌게 되었고, 대량생산과 대량 유통을 감당하기 위해 만들어진 전문 생산 조직이 기업이다. 기업은 산업화라는 토양에서 성장해왔고 전성기를 구가해왔다. 산업시대에 돈 벌 수 있는 방법은 기업을 만드는 것이었다. 왜냐하면 기업이라는 조직 구조와 형태가 산업시대의 환경과 적합성을 갖추었기 때문이다.

그러나 공룡이 환경 생태계와의 적합성을 잃으면서 도태되었듯이, 산업시대가 저물고 지식정보시대로 이행되면서 기업이라는 조직이 그러한 결말을 맞이할 것이다. 레밍 떼가 낭떠러지로 떨어지듯 뻔히 보면서 당할 수밖에 없는 것이다. 시간문제일 뿐이다.

기업들은 갈수록 채용 규모를 줄일 수밖에 없다. 기술과 정보통신 인프라가 빛의 속도로 발달하면서 생산성이 높아지고, 앞으로 많은 업무를 사람 대신 왓슨과 같은 인공지능 로봇이 대체할 수 있다. 사람 뽑아봐야 인건비만 높아지고 노조니 뭐니 골치 아픈데 왜 사람을 뽑겠는가? 더구나 매뉴얼에 따라 하는 일은 왓슨이 사람보다 훨씬 잘한다.

대기업 인사 담당자들도 바보가 아니다. 일류 대학 나왔다고 해도 조금 다니다 나가버리면 그동안 투자했던 비용도 비용이지만 업무의 연속성이 떨어진다. 또 일류 대학 졸업했다고 일 잘하는 거 아니다. 산업시대에는 통했다. 산업시대에 일 잘하는 인재의 조건은 상황 분석 잘하고 계획 능력 뛰어난 똑똑한 사람이었다. 그러나 컴퓨터와 인터넷의 보급으로 세상이 바뀌고 있다. 공부 잘하는 사람이 하던 일을 컴퓨터나 인터넷이 대신할 수 있게 된 것이다. 이성보다는 감성과 야성의 중요성이 커지고 있다. 학창 시절 공부만 잘했던 학생과 공부머리는 좀 떨어지지만 상대방을 재밌게 만들어서 내 편으로 만드는 재주가 있는 학생 중 누가 더 기업에서 일을 잘하겠는가? 당신이 인사 담당자라면 누구를 뽑고 싶겠는가?

이제 대학 간의 실력 차이도 줄어들고 있다. 이상한 수능 문제 한두 개 더 맞고 틀리고에 따라 점수 등급이 확 달라지고 하늘SKY에서 땅끝까지 대학이 정해진다. 대학생들 똑똑한 거, 큰 차이 없다. 기업 인사 담당자들도 다 알고 있다. 굳이 하늘 높은 줄 모르는 학생 뽑기보다 개인의 능력을 회사 스펙으로 바꿀 수 있는 사람이 더 필요할 것이다.

공짜 치즈가 있는 곳은 쥐덫밖에 없다

청년들이라고 그걸 모를까? 선배들에게 들은 얘기도 있을 것이고, 뉴스나 SNS 등을 통해 보았을 것이다. 그래도 대기업이 취업 희망 1순위다. 경쟁률이 어마어마한 것을 보면 알 수 있다. 나중에 어떻게 되더라도 일단은 들어가려고 한다. 그 이유는 크게 두 가지다. 첫째는 연봉과 복리후생이 빵빵하고 교육 기회도 많고 결혼에도 유리하니까. 두 번째는 대기업에서 일을 시작하면 나중에 이직이나 창업을 할 때 유리하니까. 정말 그럴까?

서양 속담에 "공짜 치즈가 있는 곳은 쥐덫밖에 없다"라는 말이 있다. 대기업에 들어가는 것이 좋아 보이지만 치러야 할 대가가 반드시 있다. 옛말에 인생의 삼대 불행이 있다고 했다. 소년등과少年登科, 중년상처中年喪妻, 노년무전老年無錢이 그것이다. 젊을 때 성공하는 것이 궁극적으로는 인생 불행의 씨앗이 된다는 얘기다. 어릴 적부터 많은 박수와 대접을 받은 사람은 행로의 끝이 안 좋은 경우가 너무나도 많다. 자신도 모르게 뇌가 화학반응을 일으켜 교만이 몸에 배고 자신의 이른 성공에 안주해버리기 때문이다.

뇌 과학자들에 의하면 권력을 갖게 되면 도파민 수치가 높아진다고 한다. 도파민은 뇌 신경세포의 흥분 전달 역할을 하는 물질로, 머리를 명석하게 하고 활동력을 높이는 반면 냉혹하고 위선적으로 변하게 하며 판단력을 흐리게 한다고 지적한다. 과하면 정신분열까지 올 수 있다는 것이다.

소년등과한 사람은 결국에는 소년낙방한 사람과 역전된다. 일류 대학 나오고 번듯한 직장에 들어가는 것이 당장에는 좋아 보이지만 이른 성공이 결국에는 인생의 불행으로 이어질 수 있다. 소년등과가 좋지 않다는 옛말은 동서고금을 막론하고 그것이 결국에는 불행으로 이어지는 사례가 훨씬 더 많다는 경험치에서 나온 것이다.

그렇기에 대기업이 들어가거나 고시에 합격했다고 반드시 축하할 일만은 아니다. 대기업에 취업할 수 있으면 하라. 고시에 붙었다면 좋은 일이다. 그러나 모두가 거기만 바라보는 것은 지혜롭지 않다. 중소기업이나 벤처가 지금 당장은 모양 빠져 보여도 긴 안목으로 보면 훨씬 많은 기회를 얻을 수 있다.

햄버거 성공을 부러워 말라

신문에서 김태연 TYK그룹 회장의 인터뷰 기사를 읽은 적이 있다. 젊은 시절 쫓겨 가듯 미국으로 건너가 별별 알바를 다 전전하며 오랜 고생 끝에 성공 신화를 이룬 그녀는 칠순에 가까운 나이에도 왕성하게 실리콘밸리에서 6개의 회사를 운영하고 있다고 한다.

그녀는 쉽고 빠르게 성공하는 것을 '햄버거 성공'이라고 부른다. 요즘 청년들이 하찮아 보이는 일이나 궂은일은 하려 하지 않고 도전과 고통을 회피하는데, 패스트 성공은 건강에도 좋지 않고 오래가지도 못하는 법이다. 쉽게 얻은 것은 쉽게 사라진다.

누구나 성공을 바란다. 그러나 누구도 성공이 무엇인지 쉽게 정의 내리기 어렵다. 또 좋은 성공이 있는가 하면 나쁜 성공도 있다. 고통을 이겨낸 그녀의 스토리에서 오랜 시간 우러난 삶의 깊은 맛이 느껴졌다. 좋은 성공이란 사람들에게 햄버거같이 달콤한 흥분보다는 깊이 있는 감동을 주는 삶 그 자체일 것이다.

대기업에는 원서가 넘쳐나는데 중소기업이나 스타트업 벤처는 인력난 때문에 고민이다. 청년들이 모양 나는 직업, 연봉 많은 신의 직장을 선호하기 때문이다. 편하고 안정된 직장을 원하는 것을 탓할 수는 없다. 그러나 기억하라. 청년 시절의 안정은 오히려 인생의 실패로 이어질 수도 있다. 국가적으로도 결코 바람직한 일이 아니다. 유능하고 야野한 청년들이 중소기업과 벤처를 도와주어야 한다.

대기업의 연봉과 복리후생은 중소기업이나 벤처와 격차가 크다. 당장은 뿌듯하다. 그러나 그에 대한 대가를 치러야 한다. 정신적 황폐함, 정체성의 혼돈, 기계적인 일상……. 정신적인 가치와 돈의 짜릿함 중 어떤 것이 더 생명력 있는 삶을 가져다줄까? 무엇에 가치를 둘 것인가는 개인의 가치관에 달린 문제다.

대기업이 교육을 많이 시켜주는 듯 보이지만 그들에게 필요한 업무 스펙에 맞추려는 것뿐이다. 교육 내용의 절반은 회사 정신을 주입하는 것이다. 조금만 찾아보면 훨씬 더 살아 있고 유익한 강의들이 많다. 의지와 열정만 있다면 좋은 교육을 받을 방법은 널려 있다. 나중에 유학이나 연수도 보내준다고? 그게 공짜일까? 공짜를 바라지 말고 스스로 돈 벌어서 가라. 남의 도움을 기웃거리는 사람은 절대 사회적으로 성공할 수 없다.

결혼 문제도 마찬가지다. 출신 학교나 직장이 중요하다고 생각한다면 비슷한 생각을 가진 사람을 만날 것이다. 조건 보고 결혼하는 사람치고 행복한 결혼생활을 유지하는 경우를 별로 보지 못했다. 요즘 이혼율이 높아지는 이유도 이와 무관하지 않다. 좋은 직장 계속 다닐 것 같은가? 직장의 유효기간은 기껏해야 10~20년이다. 돈벌이가 영원히 이어질 것 같은가? 모든 것은 지나가는 법이다. 조건 보고 결혼했는데 조건이 달라지면 어떻게 될까? 중년상처 역시 인생의 불행이라는 것이 괜한 말이 아니다. 결혼에 대한 그릇된 가치관도 바꿔야 한다.

대접에는 대가가, 고난에는 보상이

대기업에서 일하다가 이직하면 좋은 조건으로 갈 수 있을 것 같은가? 그것 역시 막연한 환상이다. 대기업 출신이라고 중소기업에서 반길 것 같지만 절대 그렇지 않다. 대기업 다니면서 몸에 밴 업무 습관과 방식이 중소기업에는 오히려 맞지 않다. 중소기업에는 멀티플레이어가 필요한데 부품처럼 맡겨진 업무만 했던 터라 적응하기 어렵다. 중소기업 경영자들이 이구동성으로 하는 애기도 대기업 출신들이 눈높이만 높지 일은 더 못한다는 것이다. 민물고기를 바다에 풀어놓으면 다 죽는다. 환경이 다르기 때문이다.

대기업에서 일단 일을 좀 배운 뒤 창업을 하겠다는 청년들도 있다.

대기업에 다니면서 쌓은 인맥을 활용해, 잘되면 그 기업에 납품도 할 수 있으리라 기대하는 것이다. 그러나 주위에서 보면 대기업 다니다 창업해서 성공하는 확률은 오히려 높지 않다. '갑질'만 하다가 을 입장이 되니 적응하기가 쉽지 않은 것이다.

한 중소기업 사례가 있었다. 제품 개발을 하면 대기업에서 받아주겠다고 약속을 했다. 사장은 그 말만 믿고 개발에 올인해 약 20억 원을 투자했다. 그런데 개발을 완료한 뒤 문제가 생겼다. 대기업 담당자가 회사를 퇴사해버린 것이다.

이런 일은 비일비재하다. 대기업 직원 말만 믿고 창업해서는 안 된다. 약속했던 직원이 퇴사하거나 부서를 옮길 수도 있고, 상황이 바뀔 수도 있고, 담당자 개인의 승진이나 업적 때문에 기술만 가로채는 경우도 생긴다. CEO도 바뀔 수 있다. 미리 계약서나 MOU^{Memorandom of Understanding}를 체결하면 되지 않느냐고? 누구도 안 해준다. 누가 책임지려고 하겠는가? 더구나 MOU는 법적 효력도 없다. 이미 가치 사슬이 꽉 짜여 있는 상황이기 때문에 막연한 기대만으로 창업해서는 안 된다.

창업을 생각한다면 젊었을 때 하는 것이 낫다. 대신 실패할 각오를 해야 한다. 창업 성공률이 5퍼센트도 안 되기 때문이다. 그러나 기성세대들이 하던 대로 회사 만들어 창업하는 방식이 아니라 커뮤니티를 통해 스마트워크 인프라를 활용하여 청년 프리랜서 개념으로 한다면 성공 확률을 높일 수 있다.

근시안에 빠지지 말라. 사회적 통념에 현혹되지 않고 자신의 업을

● 창업하라, 끝없이 실패하라

구하고 자신의 길을 가는 사람이 꾀 있는 사람이다. 젊어서 하는 고생이나 실패를 두려워해서는 안 된다. 대접에는 반드시 대가가 따르고 고난에는 반드시 보상이 주어진다는 사실을 명심해야 한다. 그것은 인생 불변의 법칙이다.

용감한 녀석들의 반란

미국은 청년 창업이 열풍이다. 어려운 미국 경제를 받치고 있는 것이 벤처들이다. 〈워싱턴포스트〉가 아마존닷컴에 인수 합병되었다. 20년도 안 된 아마존닷컴이 130여 년의 역사를 가진, 그것도 〈뉴욕타임스〉와 양대 산맥을 이루었던 미디어 거인 〈워싱턴포스트〉를 2억5000만 달러약 2700억 원에 삼킨 것이다.

아마존닷컴의 창업자 제프 베조스는 스티브 잡스처럼 미혼모 아들로 태어나 양부모 손에 자랐다. 어릴 적부터 공부도 잘하고 비범했던 베조스는 1986년에 프린스턴대를 수석으로 졸업한 뒤 벨 연구소, 인텔 등 최고 유망 기업들로부터 입사를 제안받았는데, 이런 안정적인 기업이 아닌 벤처기업 피텔Fitel을 선택한다. 안정이나 규모 같은 면이 아니라 철저하게 미래의 가능성만 보고 선택한 것이다. 뛰어난 그의 안목은 스물셋의 나이에 제트기로 세계를 누비는 성공을 안기기도 했다. 그리고 1994년 그의 나이 서른에 아마존닷컴을 창업한다.

지금 미국에서 잘나가는 창업자들을 보면 대기업 출신은 없다. 빌 게이츠와 스티브 잡스는 대학을 중퇴했고, 구글과 페이스북의 창업자는 대학 다니면서 창업을 했다. 인스타그램의 창업자 케빈 시스트롬은 1983년생이다. 그는 대학교 2학년 때 대용량 사진을 사람들과 손쉽게 공유할 수 있는 서비스 포토박스Photobox를 만들었고, 이것이 마크 주커버그의 눈에 띄어 페이스북에 입사 제의를 받았지만 거절했다.

시스트롬은 학교에 다니면서도 트위터의 전신인 오데오Odeo에서 인턴을 했고, 2006년에 학교를 졸업한 뒤 구글에서 3년 근무하고 넥스트스탑Nextstop에서 잠깐 일하다가 인스타그램을 창업했다. 일반인들은 잘 알지도 못하던, 창업 2년 된 인스타그램을 페이스북이 10억 달러(아마존이 〈워싱턴포스트〉를 인수한 금액의 4배)에, 그것도 통화한 지 48시간 만에 사들여 세상을 깜짝 놀랐게 했다.

내가 곧 벤처다

미국 경제도 어렵다. 20세기에 누렸던 경제 대국의 지위가 흔들리고 있다. 산업시대가 저물면서 전통 산업들의 성장률이 떨어지기 때문이다. 미국 경제를 견인해왔던 굴지의 기업들의 빈자리를 메우는 것이 신흥 벤처다. 달러화의 양적 완화를 축소(테이퍼링)하겠다는 자신감을 내비친 것도 구글, 페이스북, 애플 같은 회사 덕분이다.

전성기를 지나고 있는 우리나라 경제의 미래도 우울하다. 특히 대기업 비중이 매우 높은 우리 경제는 더 위험하다. 만일 대기업에 문제가 생기면 쓰나미가 오면서 도미노처럼 우수수 무너질 수 있기 때문이다. 진짜 한 방에 훅 갈 수 있는 위험한 구조를 가지고 있다. 중소기업과 벤처들이 살아날 수 있는 생태계를 하루빨리 조성하지 않으면 미래를 담보할 수 없다.

몸이 건강하려면 순환이 잘돼야 한다. 만일 심장에서 만들어진 피가 동맥과 정맥으로만 흘러서 실핏줄이 퇴화되고 없어진다면 그 사람은 생존하지 못한다. 어디 사람의 몸만 그러하겠는가? 경제도 마찬가지다. 이것이 청년들에게 벤처를 부탁하는 이유다.

적벽대전에서 모든 면에서 훨씬 우세했던 조조가 유비와 손권 등의 연합군에게 패한 이유는 조조 진영의 배들이 서로 묶여 있었기 때문이다. 북서풍이 불 때는 거대한 진영을 구축하는 것이 유리했지만, 남동풍으로 바뀌는 순간 연합군의 빠른 배들이 바람을 이용하여 화공火攻을 시작하자 거대하게 묶여 있던 조조 진영은 속수무책으로 당할 수밖에 없었다.

바람은 한쪽으로만 불지 않는다. 우리 사회가 벤처를 준비해놓지 않는다면 남동풍으로 바뀔 때 경제 재앙이 닥칠 수도 있다. 벤처가 살아야 한국이 산다. 그런데 한국과 미국은 다르다. 미국은 벤처 생태계가 조성되어 있지만 한국은 황무지와 같다. 한국에서 벤처를 한다는 것은 동물원에 있던 길들여진 동물이 홀로 야생으로 나가는 것과 같다. 위험하고 굶어 죽을 수도 있다. 그런 우리나라에서도 청년들의 성공 사례가 늘어나는 것은 매우 고무적인 일이다.

한국의 미래는 당신 생각보다 심각하다. 기성세대를 믿어서는 안 된다. 대기업도, 정부도 믿지 말라. 정부에서 일자리를 창출하겠다는 것은 선거 구호일 뿐이다. 정부가 무슨 수로 일자리를 만들겠는가? 일자리를 만드는 것은 돈만으로 할 수 있는 일이 아니다. 스티브 잡스가 만든 '잡'Jobs이 정부가 만든 '잡'job보다 많다. 이런 얘기를 하는 것은 결코 그들을 폄훼하려는 의도가 아니다. 기성세대의 힘으로 할 수 있는 일이 아니라는 말이다.

남의 도움 받으려고 기웃거리지 말고 스스로의 힘으로 도전해봐야 한다. 대학 공부 열심히 해서 학점 잘 받고 스펙 만들어서 신의 직장에 취직하겠다는 생각은 우리나라를 망치는 지름길이다. 이렇게 가다가 한국은 추락한다. 대학 다니면서 알바도 하고 인턴도 하고 창업도 해보라.

한국의 대학들도 경계를 허물어 학생들이 창업할 수 있는 네트워크를 형성해야 한다. 창업이란 사업해서 돈 버는 일만 의미하지 않는다. 연구원이 되려는 청년들도 교수만 도와주지 말고 자신만의 연구 과제를 만들어야 한다. 그런 야성이 없는 청년들은 미래를 열지 못한다.

인생에 모범 답안은 없다. 사람마다 타고난 탤런트와 주어진 길이 다 다르다. 부러워 보인다고 남을 따라가서도 안 되고, 무모하게 일을 벌여서도 안 된다. 한쪽으로 쏠리지 않는 균형 감각이 필요하다. 대기업에 취직해서 지속적으로 대기업의 성공을 지켜가는 청년도 있어야 하고, 공무원이 되어 관료적이고 폐쇄적인 틀을 깨뜨리려는 청년도 나와야 하고, 좋은 선생님, 좋은 교수, 좋은 의사의 꿈을 꾸는 청년들도 많아져야 한다. 그러나 무엇보다 중소기업과 벤처를 도와주는 청년들이 많아졌으면 좋겠다.

중요한 것은 어느 분야에서 어떤 일을 하건 '내가 곧 벤처' '내가 곧 브랜드'라는 야성을 잃지 않는 것. 월급이나 받아먹고 철밥통을 지키려는 소인배가 되어서는 안 된다. 기성세대를 믿지 말라. 자기 미래는 스스로 개척해가야 한다.

성공을 서두르지 말라. 사자도 사냥에 성공하는 확률이 10퍼센트도 되지 않는다. 성공과 실패에 연연하지 말고 자신이 하고 싶어 미칠 것 같은 업業을 구하고 거기에 올인하라. 직장은 짧고 직업은 길다. 생명이 꿈틀꿈틀 살아 숨 쉬는 시간만이 당신의 삶으로 인정될 것이다.

좀도둑이 되지 말고
큰 도둑이 되라

요즘 도둑이 많아졌다. 그런데 도둑들이 합법적으로 훔치면서 돈도 엄청 번다. 도둑들 이야기를 해보자.

애플의 엉뚱한 발상

21세기 혁신의 아이콘으로 스티브 잡스를 드는 데 주저하는 사람은 별로 없을 것이다. 아이팟과 아이폰 성공에 이어 태블릿PC 아이패드까지 3연속 홈런을 치면서 애플은 세계 최고의 기업으로 성장했다.

2001년 컴퓨터 만들던 회사가 뜬금없이 mp3플레이어를 들고 나왔다. 당시 mp3플레이어는 한국 레인콤의 아이리버가 선두주자로 한때 세계 시장의 25퍼센트까지 점유했다. 이미 수많은 mp3플레이어들이 경합을 벌이는 치열한 상황에 아이팟을 출시한 것이다. 그런데 아이팟이 대성공을 거두면서 2004년에는 점유율이 70퍼센트까지 치고 올라갔다. 비결이 무엇이었을까?

2007년에는 아이폰을 발표했다. 스마트폰 역시 아이폰이 효시가 아니다. 블랙베리나 노키아 등에서 이미 스마트폰을 팔고 있었다. 그런데 그때까지만 해도 스마트폰 시장이 열리지 않다가 아이폰이 나오면서 스마트폰 시장이 폭발한 것이다.

2010년 출시된 아이패드 역시 태블릿PC 시장을 열었다. 태블릿PC도 아이패드가 처음이 아니었다. 이미 시장에는 수많은 태블릿PC들이 출시되어 있었지만 노트북에 밀려 제대로 포지셔닝하지 못하고 부유하던 상황이었다. 그런데 어떻게 아이패드가 그런 상황을 단숨에 바꿀 수 있었을까? 비결이 무엇일까?

흔히 사람들은 아이팟와 아이폰, 아이패드의 성공 비결을 심플한 디자인이나 기능에 있다고 얘기하지만, 나는 동의하지 않는다. 원래 성공한 제품은 디자인도 멋져 보이고 기능도 우수해 보이는 법이다. 하드웨어 측면에서 뛰어난 경쟁 제품들은 얼마든지 많다.

답은 아이튠즈^{iTunes}와 앱스토어^{App Store}에 있다. 콘텐츠 플랫폼이 뒷받침되지 않았더라면 애플은 절대 성공할 수 없었을 것이다. 애플은 아이팟을 만들기 전에 음반사와 영화사들을 쫓아다니며 아이튠즈와 제휴해달라고 설득했다. 당시 mp3플레이어 사용자들은 기기 성능이 아니라 음악을 다운받는 데에 불편을 겪었다. 음악 한 곡 다운받으려면 여기저기 돌아다녀야 했고, 시간도 많이 걸렸던 것이다.

아이튠즈는 그것을 단순화했고, 아이튠즈라는 음악 콘텐츠 생태계를 구축한 것이 아이팟을 성공으로 이끈 요인이 되었다. 물론 냅스터 같은 무료 다운로드 사이트에 대한 법적 제재가 호재로 작용하기도 했다.

2004년에는 팟캐스팅 온라인 방송 시스템을 지원하면서 고객들을 개인 방송 운영자로 참여시키기 시작했다. 아이튠즈 스토어에 음악뿐 아니라 텔레비전 드라마, 영화, 동영상 등을 추가하고, 2007년부터는 일반인들도 콘텐츠를 개발해서 팔 수 있는 앱스토어를 추가 개설하면서 아이폰의 성공을 예약했다.

아이폰은 앱스토어가 없었더라면 성공하지 못했을 것이다. 스마트폰이 있어봤자 피처폰에 비해 더 할 수 있는 기능이 이메일 확인하는 정도라면 누가 비싼 스마트폰을 사겠는가? 음반사, 영화사, 방송국, 신문사, 출판사, 온라인 콘텐츠, 거기다 일반인들까지 개발자로 참여시킨 앱스토어가 없었다면 지금의 애플은 존재할 수 없었다. 다른 스마트폰으로는 할 수 있는 일이 별로 없는데, 아이폰으로는 앱스토어의 풍부한 콘텐츠를 실생활에 활용할 수 있으니 삶의 방식을 바꿀 정도로 위력을 발휘할 수 있었던 것이다. 어떤 상품을 만들까가 아니라 사람들이 그 상품으로 무엇을 할 수 있을까를 고민한다는 애플의 상품 철학이 제대로 먹힌 것이다.

이것이 스티브 잡스의 대단한 점이다. 일반 회사들은 하드웨어로서의 기계에 집착하고 있을 때 애플은 콘텐츠와의 융합에 집중했다. 기술과 인문의 융합이란 바로 이런 것이다. 기술에 초점을 맞추는가 아니면 사람과 삶, 다시 말해 인문人文에 초점을 맞추는가의 차이다. 아이폰과 경쟁 스마트폰의 초기 광고를 비교해보면 알 수 있다. 다른 회사들이 제품의 스펙에 광고 콘셉트를 맞추고 있을 때 아이폰은 이 제품으로 어떤 새로운 삶의 방식을 즐길 수 있는지를 설명했다.

이처럼 혁신이란 이전에는 존재하지 않던 무엇을 갑자기 하늘에서 뚝 떨어뜨리는 것이 아니다. 엉뚱한 상상력을 발휘해서 이미 누군가 만들어놓은 것을 재조합함으로써 새로운 것으로 탈바꿈하는 것이다. 이것이 훔친다는 말의 진짜 의미다.

좀도둑은 모방하고 큰 도둑은 훔친다

스티브 잡스는 남의 것을 잘 훔치는 사람이었다. 잡스가 스물네 살에 제록스의 팔로알토연구소PARC를 방문했을 때 봤던 마우스를 먼저 상용화한 전과도 있지만, mp3플레이어나 스마트폰, 태블릿PC 등은 모두 이미 존재하던 물건이었다. 남이 먼저 만들어놓은 것을 가져다가 다른 요소를 융합해 비틀어놓은 것이다.

그는 "유능한 예술가는 모방하고 위대한 예술가는 훔친다"라는 피카소의 말을 가장 좋아했다고 한다. 모방하는 것과 훔치는 것은 다르다. 모방한 것은 남의 것이지만 훔치면 내 것이 된다. 모방하는 사람의 특징은 자주 결심한다는 것이다. 유통기한이 사흘밖에 안 되는 결심을 애용한다. 그러나 훔치는 사람은 결단한다. 이미 마음속에 결과를 갖고 시작하기 때문이다. 결심決心과 결단決斷은 다르다. 결단은 무엇을 과감히 잘라내고 희생을 감수하는 적극적인 행위다. 이것이 군자와 소인의 차이점이고, 웅지雄志와 춘몽의 판별점이다. 훔치기 위해서는 희생과 위험 감수와 인내가 뒤따른다. 이렇듯 스티브 잡스는 대도大盜다.

『장자』「거협胠篋」편에 큰 도적 이야기가 나온다.

상자를 열고, 주머니를 뒤지고, 궤를 여는 도둑을 막기 위하여 사람들은 끈으로 단단히 묶고 자물쇠를 채운다. 이것이 세상에서 말하는 지혜다. 그러나 '큰 도적'은 궤를 훔칠 때 통째로 둘러매고 가거나 주머니째 들고 가면서 끈이나 자물쇠가 튼튼하지 않을까 걱정한다.

將爲胠篋探囊發櫃之盜而爲守備, 則必攝緘縢, 固扃鐍. 此世俗之所謂知也. 然而巨盜至, 則負櫃揭篋擔囊而趨, 唯恐緘縢扃鐍之不固也.

남이 만들어놓은 물건을 통째로 들고 나오는 큰 도둑과 궤짝 안만 뒤지는 좀도둑은 차원이 다르다. 제품 안(부품, 재료, 소재 등)만 들여다보는 것은 좀도둑이다. 기능이 어떻고 하드웨어 스펙이 어떻고 하는 근시안에 빠져서는 절대 큰 도둑이 될 수 없다. 남이 만들어놓은 제품을 가져다가 그걸 어떻게 비틀어서 자기 것으로 만들지를 생각하는 데서 새로운 사업 기회를 찾을 수 있는 것이다.

● 창업하라, 끝없이 실패하라

청년들이 벤처 창업을 고려할 때도 바로 이 점을 생각해야 한다. 적은 자본으로는 아이폰이나 갤럭시 같은 제품을 만들 수 없다. 그러나 아이폰과 갤럭시를 훔칠 수는 있다. 밀가루를 구입해서 빵을 만들어 팔고 철강을 사다가 기계를 만들어 부가가치를 올리듯이, 스마트폰을 원재료로 생각할 수 있는 것이다. 여기에 무엇을 더하면 사람들이 새로운 경험을 할 수 있을까, 이걸 어떻게 비틀면 고객들이 더 편리하고 재미있을까를 생각해보면 힌트를 얻을 수 있다. 예를 들어, 스마트폰 관련 액세서리나 앱세서리가 큰 시장을 형성해가고 있다. 또 슈퍼블로거가 되어 내비게이터나 큐레이터 역할을 함으로써 가치를 창출할 수도 있다. 이런 측면에서는 청년들이 기존 기업보다 발 빠르게 비교 우위를 점할 수 있다.

큰 도둑의 경영학개론

성공한 벤처를 보면 대개가 훔친 것이다. 페이스북도 마찬가지다. 페이스북에 앞서 미국에서는 마이스페이스^{My Space}가 이미 많은 사용자를 확보하고 있었다. 더구나 SNS 모델은 우리나라가 더 빨랐다. 2000년에 싸이월드와 아이러브스쿨이 돌풍을 일으키지 않았는가. 그러나 우리는 혁신을 이어가지 못했다.

페이스북의 비즈 모델은 전혀 새로운 것이 아니었다. 기존에 있던 것을 훔쳐다 사용자 인터페이스^{UI}와 사용자 경험^{UX, User eXperience}을 바꾸
고 오픈 정책으로 밀고 나갔던 것이 성공 신화를 이루었다. 마크 주커
버그는 제품이 아니라 플랫폼을 만들어 사람들과 제품들이 큰 광장으
로 나오게 만든 것이다.

청년 벤처는 유형의 하드웨어 제품을 제조해서 판매하는 비즈 모델
로는 성공하기 힘들다. 자본력과 조직력에서 열세이기 때문에 그런 방
식으로는 대기업을 견뎌내기 어렵다. 대기업의 중력이 강력한 블랙홀
을 형성하여 주변 것들을 다 빨아들이는데 그 주위를 맴도는 것은 무
모한 일이다.

오히려 소프트웨어에 천착해보라. 우리나라 대기업의 약점은 소프
트웨어에 있다. 소프트웨어를 여러 부품 중 하나로만 인식하다 보니
소프트웨어 분야가 약할 수밖에 없고, 소프트웨어의 본질이 무엇인지
아직도 모르고 있다. 하드웨어 제품을 먼저 기획하고, 소프트웨어는 나
중에 그것을 작동시킬 때 필요한 요소 정도로 인식하는 수준이다. 강
조하건대, 소프트웨어는 제품을 구성하는 부품의 하나가 아니다. 이젠
우선순위가 바뀌어야 한다. 플랫폼을 먼저 기획하고 그에 맞는 제품을
만들어야 한다. 산업화시대의 인식에서 벗어나지 못하면 한국의 미래
경제는 위험할 수밖에 없다.

이제 제품을 잘 만들어 팔면 성공하던 시대는 지나갔다. 단순히 하
드웨어로서의 제품에서 창출되는 부가가치는 제로로 수렴하고 있다는
말이다. 그렇기에 사물의 경제 논리에서 정보의 경제 논리로 사고 구

조를 바꾸지 않으면 안 된다. 사물의 경제 논리는 다른 말로 하면 하드웨어 경제 논리, 정보의 경제 논리는 소프트웨어 경제 논리로 표현할 수 있다.

하드웨어 제품은 기존 제조업체들이 만들게 하고, 청년 벤처들은 그것에다 콘텐츠, 커뮤니티, 네트워킹, 유통 등을 융합하는 비즈 모델을 개발하면 된다. 산업시대에 원재료 공급업체보다 원재료를 가공해서 제품화한 기업들이 돈을 더 벌었듯이, 지식정보시대에는 제품을 생산하는 하드웨어 제조업체보다 지식이나 정보 같은 소프트웨어를 융합하는 기업이 더 큰돈을 벌게 될 것이다. '사물의 이동'으로 돈을 벌던 시대에서 '정보의 이동'으로 돈을 버는 시대로 변했기 때문이다. 말하자면, 가치의 이동이 일어나고 있다.

제품 안으로 들어가는, 즉 궤짝이나 뒤지는 좀도둑이 되지 말고, 제품 밖으로 나가는, 다시 말해 궤짝째 들고 나가는 큰 도둑이 되라는 말의 뜻이 바로 이것이다. 그런 의미에서 마크 주커버그는 궤짝을 큰 광장으로 들고 나간 큰 도둑이었다.

머리를 훔친 벤처 도둑들

1998년 구글을 창업했던 래리 페이지와 세르게이 브린은 어떤가? 당시 대학원생이었던 이들 역시 대담한 도둑이었다. 검색량이 폭주해서 자기네 서버가 감당할 수 없게 되자 스탠퍼드대의 서버를 몰래 썼다는 일화를 들어보았을 것이다. 그 얼마나 청춘다운 행동인가?

그러나 그들이 진짜 훔친 것은 서버가 아니라 남들의 노력이었다. 검색이라 하면 구글 이전에도 알타비스타Altarvista, 인포시크InfoSeek, 야후 같은 포털사이트가 제공하는 검색엔진들이 이미 시장을 선점하고 있었다. 그들은 박사과정 논문 주제를 '검색엔진의 알고리즘'으로 정했는데, 그것이 페이지랭크PageRank였다.

페이지랭크가 기존의 검색 알고리즘과 다른 점은 사용자가 검색 키워드를 쳤을 때 접속 빈도가 잦고 연관성이 높은 링크를 상위에 노출하고 신뢰성에도 가산점을 부여한다는 점이다. 특정 링크의 클릭률이나 특정 링크가 얼마나 많이 링크되었는지를 기록해 연관성 점수를 산정해내는 원리다. 말하자면 남들이 열심히 링크해놓은 것을 가져다가 자신들의 연관성 점수로 바꾸는 것이다.

구글이 성공한 비결도 역시 기술 관점이 아니라 사용자 입장에서 생각했기 때문이다. 기존 검색엔진은 어떤 키워드를 검색하면 사용자들이 실제로 그 링크를 사용하는지 평가하거나 가치 순위를 매기지 않고 그냥 결과만 모아다가 뿌려주는 반면, 구글은 문서의 상대적 중요도와 사용자들의 평가 결과에 따라 노출 순위가 결정되니까 사용자에게 보다 최적화된 결과를 보여줄 수 있다. 페이지랭크 알고리즘은 사용자들의 집단 지성을 활용하는 원리이다.

위키피디아Wikipedia를 창시한 지미 웨일스 역시 남의 머리를 훔친 사람이다. 선물 금융 전문가였던 그는 1998년 누피디아^{Nupedia}라는 온라인 백과사전 사업을 시작한다. 사전을 종이에 인쇄하는 대신 온라인화한 것이다. 그러나 결과는 실패로 돌아갔다. 2012년 한국에 방문했던 지미 웨일스는 인터뷰에서 "Jimmy is good at Failure"^{나는 실패를 잘한다}라고 했는데, 이전에도 온라인 음식 주문 사이트와 검색 사이트 3APS 사업에 실패한 적이 있었다.

그는 누피디아 사업을 포기하고 2001년 위키피디아를 창시한다. 위키피디아는 집필진이 따로 있지 않고 전 세계 사람 누구나 필진으로 참여할 수 있다. 집단 지성, 즉 남들의 머리를 훔쳐오는 것이다. 위키피디아는 위키노믹스^{Wikinomics}라는 신조어를 만들어낼 정도로 전 세계적으로 위력을 발휘하고 있다. 지미 웨일스는 남의 머리 빌려 세계적인 스타가 된 셈이다.

카카오톡이나 트위터도 독창적인 것이 아니다. 이미 많은 사람들이 쓰고 있던 문자메시지를 모바일앱으로 만들어 성공한 사례다. 지금 벤처 열풍의 주역인 기업들을 보면 모두 훔친 것으로 성공했다. 훔쳐다가 더 쉽고 단순하고 재미있게 융합해낸 것이다.

애플을 하청업체로 만드는 방법

우리나라에 벤처가 살아나야 한다. 희망은 다름 아닌 청년들에게 있다.

1980~1990년대에 태어난 청년들은 어릴 적부터 컴퓨터와 인터넷에 익숙한 세대로 디지털 원주민이라 할 수 있다. 영어를 아무리 열심히 배워도 원어민 따라갈 수 없듯이 디지털에서는 청년들이 기성세대에 비해 경쟁 우위를 차지할 수 있는 것이다.

지식정보시대로 가면서 상품이 진화하고 있다. 내가 예측하는 진화의 축은 디지털화, 소셜화, 게임화다. 하드웨어로서의 상품은 더 이상 큰 부가가치를 창출하지 못하고, 거기에 디지털의 옷을 입히고 소셜의 날개를 달아주고 게임의 엔진을 장착해주는 산업이 각광받을 것이다. 이것이 소프트웨어의 의미다. 그리고 청년들이 기존 회사들보다 훨씬 더 잘할 수 있는 영역이다.

디지털화하는 방법은 다양하다. 증강현실기술, QR코드, NFC, 동작이나 얼굴 인식기술 등 IT기술을 제품에 융합할 수도 있고, 웹과 모바일앱을 활용해서 브랜디드 콘텐츠 등을 개발할 수도 있다. 나이키 플러스Nike Plus 사례를 생각해보라. 스포츠화라는 하드웨어 제품을 디지털 영역과 연계해 시공간의 경계를 허문 창의적인 아이디어다.

제품의 소셜화는 블로그나 SNS 같은 소셜미디어를 적극 활용하여, 고객을 참여하게 하고 협업해나가는 것을 의미한다. 애니팡은 카톡이라는 플랫폼을 통해 날개를 달 수 있었다. 미국의 숙박 공유 서비스 에어비앤비airbnb는 공유 경제의 신화를 만들어냈다. 그것이 가능했던 것은 청년 창업자들이 웹2.0의 특성을 간파했기 때문이다.

게임화 역시 청년들이 보다 창의성을 발휘할 수 있는 분야다. 기존

● 창업하라, 끝없이 실패하라

매스미디어를 통한 광고의 힘이 약해지면서 게임 원리를 광고 홍보에 적용하는 사례가 많아졌다. 인터랙티브 게임식 광고를 비롯해 미디어의 경계를 넘나들면서 고객들과 게임을 벌이는 트랜스미디어가 늘어나고 있다. 미국 등지에서 마케팅의 한 장르로 자리 잡아가는 대체현실게임^{ARG, Alternate Reality Game}은 대형 광고회사가 아니라 청년 게임 디자이너들이 고안한 것이다.

산업시대에는 건설, 철강, 화학, 자동차, 조선, 전기전자 등의 산업이 한국의 경제성장을 이끌었지만 지식정보시대로 접어들면서 그 업종들의 성장 엔진이 식고 있다. 그 엔진을 훔쳐다 디지털화, 소셜화, 게임화 아이디어를 융합해보라. 애플이나 삼성전자를 당신 회사에 납품하는 하청업체로 만들 수도 있다.

잘 훔치려면 많이 알아야 한다. 아는 만큼 보이고 보이는 만큼 훔칠 수 있기 때문이다. 마크 주커버그나 래리 페이지, 세르게이 브린은 공학만 공부하지 않았다. 인지과학을 공부했는데, 미국 대학의 인지과학 커리큘럼은 사람의 인지와 관련된 학문을 전공하는 학생들은 모두 공부한다. 즉, 컴퓨터공학, 생물학, 심리학, 철학, 언어학 등 공학과 인문학이 융합된 분야다. 그것이 구글이나 페이스북이 기술 관점이 아니라 사람 관점을 가진 원동력이 된 것이다.

이제는 세상에 대한 폭넓은 관심이 필요하다. 그러려면 공부의 개념을 바꿔야 한다. 세상 모든 것이 교과서다. 알바도, 여행도, 텔레비전도, 사람 만나는 것도 모두 공부가 될 수 있다. 수능 공부는 엉덩이로 하는 공부일 뿐, 진짜 공부는 발로 뛰는 것이다.

틀에 갇히고 고치 안에 안주하고 근시안에 빠져서는 좀도둑밖에 안 된다. 세상을 훔치는 큰 도둑이 되겠다는 꿈을 꾸라. 세상은 넓고 훔칠 것은 많다.

● 창업하라, 끝없이 실패하라

6만 원으로 시작한
창업 이야기

돈을 본 적이 있습니까?

오래전 일이다. 남대문시장에서 큰 성공을 거둔 상인 한 분을 만난 적이 있다. 1평짜리 작은 점포에서 시작해 남대문시장에 현대식 건물을 지을 계획일 정도로 엄청난 성공 신화를 이룬 분이었는데, 커피숍에 앉자마자 나에게 이런 질문을 던지는 것이었다.

"돈을 본 적이 있습니까?"

"네……?"

돈을 본다? 이게 무슨 말일까? 지갑 속의 돈을 의미하지는 않는 것 같은데, 무슨 얘기를 하는 걸까? 우물쭈물 대답을 못하고 있던 내게 그는 다시 이런 얘기를 했다.

"나는 돈을 봤습니다."

"……."

돈을 보다니, 이게 무슨 선문답 같은 말인가. 계속 아무 얘기도 못하고 벙벙하게 앉아서 그분의 얘기를 들었다. 사연은 이랬다.

자신이 처음 남대문시장에 점포를 얻어 장사를 시작했는데, 가게에 앉아서 돈이 어디에 있나 보기 시작했다는 것이다. 그때 눈에 들어온 것이 관광버스였단다. 나는 말 한마디 못하고 계속 듣기만 했다.

"관광버스 한 대에 최소 1억에서 2억이 있더라구요. 지방에서 상인들이 관광버스를 대절해서 물건 떼러 오는데 한 사람당 최소 500에서 1000만 원씩 가지고 오지요. 보통 한 대에 30여 명씩 오니까 버스 한 대만 잡아도 하루 매상이 1, 2억이 됩디다. 다른 손님들은 신경 안 쓰고 관광버스를 어떻게 우리 가게로 유치할까에만 집중했지요."

이분과 얘기를 나누면서 고수에게 한 수 배웠다는 생각이 들었다. 월급쟁이였던 나는 돈을 본다거나 돈이 어디에 있을까 하는 생각을 여태껏 한 번도 해본 적이 없었는데, 돈을 볼 생각을 하고 돈을 봤다니 역시 부자의 촉은 달랐다. 부자가 된 사람들이 공통적으로 하는 얘기가 돈이 한창 벌릴 때는 돈이 보이더라는 것이다. 가만히 생각해보면 그 말이 맞다. 돈이 보이니까 돈을 벌 수 있는 것이다. 이것이 부자의 비결이다.

그분을 만나고 나서부터는 무엇을 봐야겠다는 생각을 하기 시작했다. 마케팅market+ing은 마켓, 즉 시장을 보는 힘이다. 책상에 앉아서 시장을 분석하고 기획하는 것보다 시장의 변화와 소비자의 트렌드를 볼 수 있는 통찰력, 말하자면 촉을 키우는 것이 더 중요하다. 비즈니스를 하는 사람뿐 아니라 학문을 하는 사람도 연구하는 대상을 본 사람과 대상을 볼 생각은 안 하고 공식이나 학설만 따지는 사람은 근본적으로 다른 것이다.

촉이 살아 있는 사람

또 한 가지 이야기. 어느 날, 차를 타고 가면서 라디오를 듣는데, 어떤 청년 벤처 사업가의 인터뷰가 흘러나왔다. 중간부터 들어서 그가 누군지는 정확히 모르지만, 작지 않은 한 벤처 회사를 경영하고 있었다.

그는 중3 때 아버지의 권유로 새벽에 헬스클럽을 다녔다고 한다. 새벽에 일어나서 헬스를 하러 가는데, 열심히 뛰면서 신문 배달하는 사람이 눈에 띄었다. 그 순간 이런 생각이 들었단다.

'나는 러닝머신에서 뛰고, 저 사람은 길에서 뛴다. 나는 아령을 들고 운동하고, 저 사람은 신문을 돌리면서 운동한다. 똑같이 운동하는데 나는 돈을 쓰면서 하고, 저 사람은 돈을 벌면서 한다.'

다음 날 당장 신문 배달을 시작했다. 아버지에게는 비밀로 하고. 그러니까 돈이 쌓이더란다. 아버지한테 받은 헬스비와 신문 배달로 번 돈을 합치니까 몇 달 안 지나 200만 원 정도가 모였다. 그러다 신문을 더 많이 배달하기 위해 자전거를 한 대 사기로 했다. 백화점에 자전거를 사러 갔는데, 마침 재고가 없었다.

"주문해드릴까요? 며칠 걸리는데요."

"네."

백화점 점원이 공장으로 주문 전화를 하고 잠시 자리를 비운 사이, 몰래 재다이얼을 눌러서 공장 전화번호를 알아내고는 집에 돌아와 그 공장에 전화를 걸었다. 가격을 물어봤더니 공장에서 직접 사면 반값이란다.

대량으로 구매하면 가격이 3분의 1로 떨어진다는 사실도 알게 되었다. 종자돈 200만 원으로 몽땅 자전거를 사서 집에 쌓아놓고는 인터넷에 올려 시중보다 저렴한 가격에 팔기 시작했다. 그렇게 불과 몇 달 사이에 200만 원이 3000만 원으로 불었다는 내용이었다.

이 얘기를 들으면서 젊은 나이에 사업에 성공할 수 있었던 것이 결코 우연이 아니었구나 하는 생각이 들었다. 그 역시 남들이 보지 못하는 것을 보고 남들이 생각하지 못하는 것을 생각할 수 있는 촉이 살아 있었던 것이다. 이렇게 작은 생각의 차이가 큰 결과의 차이를 낳는다.

창업 훈련법

촉은 선천적인 것도 있지만, 훈련해서 키울 수도 있다. 이때 대상에 대한 관심과 애정, 봐야겠다는 간절함이 전제되어야 한다. 그러고는 안테

나를 높이 세우고 이리저리 돌려보고 시험하고 연습해야 한다.

운동 선수들도 비슷한 말을 한다. 야구 선수가 타율이 높은 날은 공이 크게 보인다는 것이다. 어떤 경우에는 공이 정지해 있는 느낌을 받는다고 한다. 그러면 공을 쉽게 칠 수 있다. 양궁 선수들도 과녁이 크게 보여야 명중시킬 수 있다. 그것은 반복되는 지루한 연습과 고통스러운 훈련을 견뎌야 가능해지는 법이다. 어느 날 갑자기 고수의 경지에 오르는 일은 이 세상에 없다.

창업은 누구나 일생에 한 번은 하게 된다. 20대에 창업하느냐, 직장 생활 좀 하다가 하느냐, 아니면 은퇴 뒤에 하느냐의 차이일 뿐이다. 인간의 수명이 늘어나면서 100세 시대로 가고 있는 지금, 언젠가는 자신의 업을 찾아낼 테고 그 일을 시작하지 않을 수 없기 때문이다.

삶의 주기가 달라졌다. 과거 산업시대에는 약 65세까지 직장 다니다가 정년퇴직해서 손주들 재롱 보며 편안하게 노후를 맞이하는 것이 일반적이었지만, 사회 중심 연령이 짧아지면서 수명은 늘어나는데 퇴직 시기는 짧아지는 추세다. 이 격차는 점점 커질 수밖에 없다. 그렇기에 창업은 누구에게나 필수가 되어버렸다.

창업은 결코 쉬운 일이 아니다. 반드시 오랜 기간 준비하고 내공을 쌓아야 한다. 그렇지 않으면 돈을 잃을 수도 있고, 사회적으로 소외될 수도 있는 위험한 일이다.

촉을 살려서 돈이 보이고 일이 눈에 들어올 때까지 창업 연습과 훈련을 하지 않으면 안 된다. 충분히 준비해도 성공 확률이 높지 않은데 그러한 훈련 없이 갑자기 사업 아이디어가 떠올랐다고 즉흥적으로 창업하거나 누가 도와주겠다는 말만 믿고 시작하는 것은 무모하다. 그것을 위해 대학 시절부터 창업을 시도해보고 실패 경험을 쌓는 것이 필요하다. 이때 창업 투자비는 6만 원이면 충분하다.

6만 원짜리 창업 아이디어

몇 년 전, 대학 강의를 할 때 학생들이 경영 사례를 조사해서 프레젠테이션하는 시간이었다. 대개는 기업 사례를 발표했는데, 한 학생이 '6만 원으로 시작한 창업 이야기'라는 제목으로 발표를 시작했다. 자신의 경험담이었다.

군 제대 뒤 등록금을 마련하기 위해 강남의 한 야간 배달 음식점에 배달원으로 취직했다. 하루 16시간 근무였는데 배달이 많지 않은 날도 있었단다. 그렇다면 투잡이 가능하겠다는 생각에 고민하다, 원룸이 밀집되어 있는 지역의 특성상 심부름 대행을 하면 좋겠다는 판단이 섰다. 밤중에 물이나 김밥, 라면, 간식, 술이나 담배 등을 사러 나가기 귀찮아하는 사람들을 대상으로 제품 가격에다 심부름값 1000원만 더 받고 대신 사다 주는 것이다.

6만 원을 투자해서 명함을 만들고 사탕을 붙여 지나가는 행인들에게 돌렸다. 브랜드도 만들었다. '호루라기', 헤드라인은 '불면 달려갑니다'. 자전거에 자신의 브랜드를 써 붙이고 홍보에 주력하자 하나둘 주문이 들어오기 시작했다.

점차 고객이 많아지면서 휴대폰 문자를 통해 이벤트도 하고 고객관계관리를 하면서 고객의 70퍼센트 정도가 단골이 되었단다. 그런데 수익 모델이 심부름값 1000원만 있는 것이 아니었다. 생수 같은 제품은 할인점에서 대량으로 사놨다가 배달하면 편의점 가격과 차이가 있기 때문에 중간 이윤이 더 생겼다. 특별 심부름을 필요로 하는 경우에는 대행료를 더 주는 고객들도 많았다. 체력의 한계로 오래 하진 못했지만 등록금뿐 아니라 소형 자동차를 살 수 있을 만한 돈을 벌었단다. 그리고 이제는 창업 카페의 주인장을 하고 있다고 했다.

시험 성적은 별로 좋지 않았지만 그 학생에게 무조건 A+를 줬다. 책에 나오는 마케팅 용어 몇 개 더 알아서 시험 잘 보는 게 중요한 것이 아니라, 마케팅 마인드가 체화되어 있는가 아닌가가 더 본질적인 문제이기 때문이다. 이런 청년들이 활발히 활동할 수 있는 사회 분위기가 형성되어야 한다.

무엇보다 대학 창업이 활성화되어야 한다. 대학생 때의 창업 경험은 매우 큰 자산이 된다. 다만 창업을 할 때 투자를 너무 많이 해야 하는 아이템은 피하는 것이 바람직하다. 실패할 경우 타격이 커서 좌절할 수도 있기 때문이다.

카카오톡 개발 일화를 들으면 반드시 투자를 많이 해야 성공으로 이어지는 것이 아님을 알 수 있다. (주)카카오에서 카카오톡 이전에 여러 가지 프로그램을 개발했다고 한다. 큰 성공을 거둔 아이템이 없어 회사 자본금이 말라가던 상황, 우연히 기획회의 때 인스턴트 메신저 아이디어가 상정되었다. 그런데 반대 의견이 많았다. 사람들이 이미 문자메시지를 쓰고 있는데 굳이 다른 프로그램을 쓰겠냐는 것이었다.

그래서 개발에 4명만 투입하기로 했다. 기획자 1명, 디자이너 1명, 개발자 2명. 그것도 두 달 내에 완성하는 일정으로 개발에 들어갔다. 그런데 카카오톡이 빵 터졌다, 그것도 한두 달 사이에. 그 후로 회사 내에 방침을 정했단다. 4명이 두 달 안에 할 수 있는 아이템만 하기로. 마찬가지로 페이스북이나 트위터 등도 큰 투자 없이 성공한 사례다.

6만 원으로 할 수 있는 일을 찾아보라. 처음부터 멋진 것, 완벽한 것보다는 아주 작고 사소한 것에서 출발하는 것이 좋다. 청춘은 몸으로 때울 수 있는 시기다. 또 앞에서 언급한 상품의 디지털화, 소셜화, 게임화에서 아이디어를 찾는다면 머리 투자만으로도 큰 성공을 거둘 수 있다. 디지털 원주민의 장점을 십분 발휘할 수 있는 6만 원짜리 아이디어를 생각해보라.

창업 노트부터 만들어라

지금부터 창업을 준비해야 한다. 그러기 위해서는 먼저 '창업 노트'부터 만들어라. 블로그를 개설해도 좋고 에버노트나 솜노트 같은 클라우드 서비스 혹은 스마트폰 메모장을 이용할 수도 있다. 거기에 떠오르는 생각이나 좋은 아이디어, 이미지, 동영상 등을 그때그때 저장해놓는다. 세상에 널려 있는 남의 것들을 훔쳐다 보관하는 셈이다.

창업 노트에는 아주 사소한 것들을 적는 것이 좋다. 왜 이 제품을 꼭 이렇게만 써야 하지? 이걸 이렇게 바꾸면 사람들이 더 쉽고 단순하게 쓸 수 있지 않을까? 갑자기 엉뚱한 발상이 떠오르면 얼른 메모하라. 인사이트를 주는 글귀나 그림, 영상이 있으면 놓치지 말고 훔쳐 오라. 나도 인터넷을 보다가 좋은 글이나 영상 등이 있으면 내 홈페이지(www.mkyt.com)에 퍼다 놓는다. 홈페이지가 블로그인 셈이다. 또 클라우드 서비스를 데이터베이스로 이용하기도 한다. 이것이 몇 년 쌓이면 귀중한 사업 밑천이 되고, 그 생각의 조각들을 잘 조합하면 창의적인 사업이 될 수 있다.

더 적극적으로 준비하려면 창업 카페나 동아리 활동을 하는 것도 좋다. 산업시대에는 사업을 일으킨다는 것이 자본을 조성하고 조직을 만들어 분업을 통해 생산하는 것이었다면, 지식정보시대의 사업은 네트워크를 통한 협업으로 패러다임이 달라지고 있다. 제휴와 네트워킹이 중요한 경영 수단이 되는 셈이다. 그렇기에 블로그나 SNS는 필수적이다.

사업의 왕도는 없다. 사소한 습관의 차이가 커다란 결과의 차이를 낳는다. 문득 떠오른 사업 아이템이나 남의 말만 믿고 창업하는 것은 나방이 불로 뛰어드는 것과 같다. 혹 그렇게 해서 초기에 성공을 거두었다 해도 얼마 못 가 나락으로 떨어지는 사례들이 너무나도 많다. 준비도 투자임을 명심해야 한다.

이제 창업은 필수과목이다. 준비하라, 그리고 도전하라.

● 창업하라, 끝없이 실패하라

10년 뒤에는
부자가 바뀐다

우리는 한배를 탈 수 있을까

어느 마을에 부자와 거지 나사로가 살고 있었다. 부자는 매일 호의호식하며 지내는 반면, 거지 나사로는 부자의 상에서 떨어지는 부스러기로 연명하며 살아갔다. 그런데 죽어서 역전이 일어났다. 부자는 저 건너편 나사로를 안고 있는 아브라함에게 물 한 방울을 구걸하지만 아브라함은 냉정하게도 "너는 이미 좋은 것을 다 받았다"라며 거절한다.

"그렇다면 내 자손들은 이런 실수를 하지 않도록 나사로를 다시 보내서 말을 전해달라"라는 부자의 요청에 아브라함은 "거기에도 말을 전하는 사람이 있다. 그 말도 듣지 않는데 죽은 자가 되살아나서 얘기한들 그들이 믿겠는가?"라는 대답만 한다.

성경에 쓰여 있는 부자와 나사로 이야기다.

우리 사회가 1대 99의 양극화로 가고 있다. 얼마 전까지만 해도 금서였던 칼 막스의 『자본론』이 다시 주목받고, 사람들은 정의란 무엇인가를 궁금해하고, 자본주의4.0이라는 용어가 이슈가 되었다. 또 다보스 포럼의 단골 주제가 자본주의 위기와 대응책이다.

부자는 나쁜 것일까? 인류의 경제를 수직 성장하게 한 자본주의는 잘못된 것일까? 그럴 순 없다. 문제는 사람들의 의식에 있다. 우리 사회에 팽배해 있는 물질적이고 세속적인 가치관, 사물의 경제 논리, 또 부자들의 특권 의식과 과한 욕심이 잘못된 것이다.

성경 속 부자의 실수는 자신은 이렇게 하나님을 잘 믿어서 축복받았고, 나사로는 게으르고 못나서 거지가 되었다고 생각하는 교만함과 불통不通에 있다. 이 이야기의 최고 복선은 '하나님의 도움'이라는 뜻인 나사로의 이름에 깔려 있다. 하나님의 도움을 받는 사람이 거지라니?

경제학자들이 자본주의의 대안을 제시하지 못하고 있다. 부자들이 남는 부스러기를 나눠준다고 자본주의의 고질이 해결될 리 없다. 근원이 바뀌어야 시스템이 바뀐다.

2010년 G20 서울 정상회의 때 중국은 동주공제同舟共濟라는 화두를 들고 나왔다. 지금 글로벌 경제의 어려움을 한배를 타고 함께 건너자는 뜻이다. G20 개회 날 우연히 텔레비전에서 〈동행〉이라는 다큐 프로그램을 보았는데, 형편이 어려워 정말 힘겹게 살아가는 사람들의 이야기를 들려주고 있었다. G20의 화려한 의전 행사, 만찬 장면과 반지하방에서 월세도 못 내고 살아가는 사람들의 모습이 겹치면서 저들이 같

● 창업하라, 끝없이 실패하라

은 배에 탈 수 있을까 하는 의구심이 들었다.

양극화의 뼈아픈 역사

양극화는 위험의 신호다. 18세기 동양과 서양의 부의 역전이 일어난 원인은 사회제도와 깊은 관련이 있다. 서구 국가들은 시민혁명 등을 통해 계급제, 신분제를 타파하고 모든 인간은 평등하다는 사상을 키워 온 반면, 인도와 동남아 나라들은 카스트 제도와 같은 뿌리 깊은 신분제가 고착되어 있었다. 평등, 민주 등의 사상이 경제와 무슨 관련이 있는가 반문하겠지만, 매우 밀접하다. 서구 산업문명이 발달할 수 있었던 토양은 평등사상이었다.

돈은 돌아야 제 기능을 발휘할 수 있다. 돈다고 해서 돈인 것이다. 눈을 굴려가면서 눈사람을 만들 듯이 경제가 커지는 원리도 비슷하다. 그런데 계급이나 신분 같은 장벽이 놓여 있으면 돈이 돌다가 막힌다. 사회구조가 수평적이지 않고 수직적이면 돈의 순환이 원활하지 못한 것이 당연한 이치다.

우리 사회는 신분제도, 계급제도 아니다. 그런데 산업문명 후기로 가면서 부의 양극화 현상이 나타나고 돈 많은 사람들이 그것을 고착화하려 하고 있다. 돈 있는 사람들은 돈을 움켜쥐고 재산 불리기에 여념이 없다. 또 그 돈을 자식들에게 물려주기 위해 절세를 비롯해 편법 상속 전략을 짜는 데에 온갖 아이디어를 동원한다. 굳히기 작전에 돌입한 것이다. 여기에 교육도 한몫 거든다. 왜 자녀들을 일류대에 보내고 외국 명문 학교로 유학 보내려고 하겠는가? 그래야 상류사회로 진입할 수 있다고 굳세게 믿고 있기 때문이다.

이러한 신新계급주의 시도들은 사회구조를 수직화하여 사회를 균열시키며 결국에는 심각한 사회문제를 야기한다. 인도가 그랬다. 필리핀 같은 동남아 국가들도 마찬가지였다. 동남아 국가들이 유럽의 식민 지배를 받으면서 그 역사가 가려져 잘 알려지지 않았을 뿐, 인도나 중국 못지않은 부국이었다. 필리핀은 1960년대까지만 해도 우리보다 훨씬 잘살았다. 필리핀 경제가 몰락한 원인은 바로 양극화다. 잘사는 사람들은 유럽이나 미국의 부자들보다 더 잘살지만, 가난한 사람들은 외국에 나가 돈을 벌어 집으로 보내줘야 살아갈 수 있을 정도로 경제 수준이 형편없다. 돈의 쏠림 현상, 양극화가 심각하다.

자기만 잘살면 된다는 이기적인 생각은 한 공동체의 경제 전체를 무너뜨리는 끔찍한 결과를 초래한다. 돈의 이치를 거스르는 것이기 때문이다. 계급을 나누고 그것을 유지하려고 버티는 것 역시 공동체에 균열이 생기게 하고 붕괴시키는 원인이 된다.

모든 만물에는 이치가 있다. 그것을 따르지 않고 어기면 반드시 문제가 생길 수밖에 없는 것 또한 정한 이치다. 물은 물이 흐르는 길이 있는데 인간이 이를 무시하고 거스를 때 재난을 맞게 된다. 홍수가 날 때마다 지적하는 것이 바로 이것이다. 돈 역시 흐르는 길이 있는데, 그

● 창업하라, 끝없이 실패하라

길을 인위적으로 막거나 욕심을 부려서 튼다면 당장에는 좋을 것 같지만 얼마 안 가 큰 문제가 생길 수밖에 없다.

부의 양극화는 우리 경제의 발목을 잡을 것이다. 이 문제를 해결하지 못한다면 우리 사회의 미래는 어두울 수밖에 없다. 어떻게 해결해야 할까? 분배정책과 같은 인위적인 방법으로 해결할 수 있을까? 그런 방법에는 한계가 있다. 근본적인 치유책은 부에 대한 잘못된 인식을 바로잡고 돈의 이치를 깨닫는 것이다. 또한 이것을 청년 시절부터 몸에 익혀야 한다. 그것을 소홀히 한다면 부의 역전 역사가 되풀이될 수밖에 없다.

할머니 돈의 무게

"개같이 벌어서 정승같이 쓰라"라는 말이 있다. 나는 이 말을 혐오한다. 왜 돈을 개같이 벌어야 하나? 그렇다면 돈 벌려고 수단 방법 안 가려서 남에게 피해 주고 사기 치는 것도 양해될 수 있다는 말인가?

많은 사람들이 돈을 벌면 사회에 기부도 하고 공헌을 하겠다고 결심한다. 그러고는 돈 벌겠다고 돈을 쫓아다닌다. 그런데 내가 돈 벌어서 남을 위해 쓰겠다는 의식에는 이중성이 숨어 있다. 돈 번 뒤에 남을 위해 쓰지 말고, 지금부터 조금씩이라도 실행에 옮길 수는 없는가? 또 꼭 내가 벌어서 남에게 줘야 하나? 아예 처음부터 함께 벌어서 나는 나대로 쓰고 너는 너대로 쓰면 되지 않나? 그것이 동주공제의 진정한 의미다. 그렇기에 지금과 나중을 구분하고 나와 너를 분리하는 이중적인 생각을 버리지 않고서는 양극화라는 고질병은 해소될 수 없다.

위인전에는 돈을 벌어서 사회 발전에 공헌하고 기부도 많이 한 사람들 얘기만 나온다. 그 이면에 숨겨진 비주류의 아픔과 희생은 묻혀버린다. 또다시 그것이 부의 양극화를 반복하게 한다. 위인들의 삶이 성공한 것일까? 그들이 사회에 기부한 돈과 평생을 시장에서 장사하고 폐품 모아 팔아서 장학금으로 기증하고 가신 할머니들의 돈의 무게 중어느 것이 더 무거운가?

이제는 함께 부자가 되는 협업의 문법을 익혀야 한다. 그래야 사회가 수평적으로 변하며 공생할 수 있다.

부자가 누구야?

우리는 부자에 대한 막연한 환상이 있다. 누가 부자인가? 부자의 정의를 내리기가 쉽지 않다. 역사를 보면 시대의 패러다임이 이동할 때마다 부가 역전되었다. 농경사회에서의 부자는 땅을 많이 소유한 사람이었다. 산업사회로 이행하면서 과거의 부자들이 몰락하고 장사를 하거나 기업을 일으킨 신흥 부자들이 부상했다.

흥미로운 신문 기사가 있었다. 50년 전 우리나라 100대 회사로 꼽

● 창업하라, 끝없이 실패하라

했던 회사 중 살아남은 곳이 5개도 안 된다는 것이다. 그 당시 부자들이 시대의 변화에 대응하지 못하고 현실에 안주하다가 95퍼센트 이상이 사라져버린 것이다. 50년 전이라면 우리나라가 산업화에 박차를 가하기 시작하던 때였다. 지금의 부자들은 그 당시에는 별 볼 일 없었다. 이전의 부자들은 자신들의 부를 지키기 위해 노력하지 않았을까? 그렇지 않다. 그들도 부를 지키려고 온갖 아이디어를 동원하고 노력했을 것이다. 돈을 자기 울타리 안에 쌓아놓고 지킨다는 것은 그만큼 어려운 일이다.

이제 세상은 산업사회에서 지식정보사회로 이동하고 있다. 역사에서 교훈을 얻을 수 있듯이 지금 아무리 잘나가는 부자라 하더라도 변화의 흐름을 타지 못하면 순식간에 몰락할 수 있다. 이것을 깨닫지 못하고 좁은 시야와 고정관념에 머물러 있으면 정말 큰일 난다.

산업화를 위해서는 자본이 필요했기에 자본을 많이 소유한 자본가가 대접받았지만, 앞으로는 그런 소유형 부자들은 몰락하게 될 것이다. 지식정보사회의 특징은 돈 많은 사람이 아니라 돈을 누릴 줄 아는 존재형 부자가 대접받는다는 것이다. 그 능력을 갖추지 못한다면 아무리 재산이 많은 재벌이라 하더라도 졸부 취급받을 수 있음을 명심해야 한다.

부자의 품격

돈을 다스리고 누릴 줄 아는 부자의 개념을 이해하려면 에리히 프롬의 예리한 얘기를 다시 한 번 경청해야 한다. 그가 통찰한 것은 인간은 이 세상의 어떤 것도 소유할 수 없도록 설계되어 있다는 것이다. 인간이 무엇인가 소유하려 하는 순간, 자아를 잃어버리고 소유하려는 대상의 노예로 전락하는 것이 세상의 이치이기 때문에 소유所有to have 양식이 아니라 존재存在to be 양식으로 살아가야 한다고 강조한다.

프롬은 '존재being'를 다음과 같이 정의한다.

"어떤 것을 '소유'하지도 않고, 또 '소유하려고 갈망하지도' 않으면서 즐거워하고, 자기의 재능을 생산적으로 사용하며 세계와 '하나'가 되는 생존 양식."에리히 프롬, 정성환 옮김, 『소유냐 삶이냐』, 홍신문화사, 2000

소유 불가능 원리는 돈에도 적용할 수 있다. 돈을 소유하려고 할 때 돈이 오히려 나를 소유하게 되고, 나는 돈으로부터 소외당하고 돈이 우상이 되어 돈을 숭배하는 돈의 노예가 되어버리는 것이다. 소유하려는 순간, 우리의 존재는 우상숭배자로 전락해버린다. 이것은 무서운 사실이다. 이 원리를 이해하고 삶에 적용하지 않는다면 돈의 노예가 되어 평생 돈을 졸졸 쫓아다니는 운명이 될 수밖에 없다.

프롬이 정의한 '존재'의 개념을 돈에 적용해보면 돈에 대해 어떤 생각과 태도를 가지고 살아야 하는지 알 수 있다.

"돈을 '소유'하지도 않고, 또 '소유하려고 갈망하지도' 않으면서 즐거워하고, 돈을 생산적으로 사용하며, 돈과 ‘하나’가 되는 생존 양식.”

이것이 돈을 다스리고 누리는 존재형 부자의 삶의 양식이다. 존재형 부자는 돈을 좋아하면서도 돈을 소유하려 하지 않고, 돈을 적극적으로 잘 쓸 줄 알며, 돈도 자신이 경영할 대상임을 인식하고 존중할 줄 아는 사람이다. 그들은 돈을 소유하는 대신 좋은 투자를 할 줄 알고, 또 그것을 즐긴다.

반대로 돈을 소유하려고 하는 부자들은 지키기에 급급하고, 태어날 때는 주먹 꼭 쥐고 왔다가 죽을 때는 쥐었던 주먹 펴고 가는 것이 인간인데도 손에 가진 것을 놓지 않으려고 하다 보니 돈을 돌지 못하게 함으로써 나라 경제에도 피해를 준다. 뿐만 아니라, 자신도 바늘구멍에 들어가지 못하는 낙타와 같은 존재로 전락해버린다.

물리적으로 낙타가 바늘구멍에 들어가는 것은 불가능하다. 그러나 소유 불가능의 이치를 깨닫고, 소유 양식에서 존재 양식으로 전환한다면 들어갈 수 있다. 바늘구멍에 들어갈 수 있으려면 바늘구멍보다 작아지면 된다.

10년 뒤에는 부자의 개념이 바뀐다. 소유형 모드로는 절대 부자 대접을 받을 수 없는 구조로 사회가 변하고 있다. 오히려 그들은 가진 돈이나 명예를 모두 빼앗기게 될지도 모른다. 존재형 모드로 전환해야 한다. 지금까지 부모 세대들은 많은 지식이나 지위, 재산을 소유해야 한다고 생각하면서 자녀들에게 압력을 가했다. 그래서 많은 지식을 머리에 쑤셔 넣었다. 돈을 물려줘서 돈을 많이 가지게 하려고, 또 높은 자

꾀 •

리에 앉게 하려고 온갖 꼼수를 동원한다. 우리 교육이 이렇게 소유형 인간을 만드는 데 올인하고 있는 것이다.

그 피해를 지금 청년들이 보고 있다. 그릇된 가치관을 혁신하지 않으면 우리 사회에 재앙이 닥친다는 것을 절대 잊어서는 안 된다. 이제는 생각의 반전이 필요하다. 큰 인물이 되려 할 것이 아니라 작은 사람이 되어야 한다. 바늘구멍보다 더 작은 낙타가 되어야 한다. 그래야 부자가 될 수 있고, 미래를 움직이는 존재형 리더로 성장할 수 있다.

'부자가 되라'라는 말 속에는 내가 살아 있음을, 세계와 진실로 관련되어 있다는 존재성을 느끼고, 누리고, 사랑하라는 의미가 내포되어 있다. 돈에 적극적으로 반응하고, 부富를 확장해 사람을 위해 투자하고, 이웃들과 나누는 삶이 진정 품격 있는 부자의 삶이다.

끊임없이 움직이는 자만이 살아남는다

상인商人은 상나라 사람이라는 뜻이다. 상나라는 고대 중국 은나라의 별칭으로, 당시 주 무왕에 의해 나라가 망해 거주지를 빼앗긴 은나라 사람들은 정처 없이 떠도는 신세가 된다. 농사지을 땅이 없어진 상인들은 물건을 사고파는 일을 할 수밖에 없었는데, 장사 수완이 뛰어나 큰돈을 벌었다고 한다. 상인, 상업, 상품, 상점이라는 용어가 여기서 유래했다.

● 창업하라, 끝없이 실패하라

농경 위주였던 사회에서 상인들은 정착하지 못하는 떠돌이였고, 소수자일 수밖에 없었다. 그러나 그들은 여러 곳을 떠돌아다니면서 남들보다 많은 정보를 얻고, 세상의 변화와 트렌드를 더 빨리 체험할 수 있었다.

상인은 고정되어 있는 사람들이 아니다. 생각과 행동이 유연하고 늘 움직이는 노마드다. 그래서 길이 없으면 만들고, 새로운 세상에 도전하고 개척하는 선구자가 되어야 한다. 변화를 깨닫고 치열하게 삶을 누리는 선구자 정신을 가져야 하는 것이다.

투르쿠 제국의 한 비문에 이런 문구가 적혀 있다고 한다. "성을 쌓고 사는 자는 반드시 망할 것이고 끊임없이 움직이는 자만이 살아남을 것이다."

우리 사회에 기업가 정신, 벤처 정신이 없어져간다는 얘기들을 많이 한다. 새 시대가 필요로 하는 사람은 치열한 생명력을 가진 사람이다. 그런 사람들은 주위에 꿈과 활력을 주고 좋은 영향력을 끼치며 사회에 공헌한다. 자기 몸보신이나 하고 입신양명을 꾀하는 소인배가 아니라 자신의 삶을 남을 위해 쓸 줄 아는 진정한 상인, 그런 부자 청년들을 많이 만났으면 좋겠다. 그래야 우리가 일류 사회로의 좁은 문을 통과할 수 있다.

끝

도전하는 청춘이
아름답다

“모든 사람은 누구나 한 칼을 가지고 있다.

그것을 찾아내서 키우다 보면

때가 온다. ‘내’가 살아 있을 수 있도록 늘 깨어 있으라.

그렇게 견디고 기다리면 반드시 영웅의 때를 만날 것이다.”

아카게
살자

,

그런 사람 없습니다

김정운의 책 『노는 만큼 성공한다』에 우리의 추측을 뒤집는 퀴즈가 나
온다. 아래 외국 정치가들에 대한 설명이 각각 누구에 대한 서술인지
맞혀보라.

(가) 부패한 정치인과 결탁한 적이 있으며 점성술로 결정을 내리고, 2명
　　의 부인이 있으며 매일 줄담배를 피우고, 하루에 9~10병의 마티니
　　를 마신다.

(나) 회사에서 두 번 쫓겨난 적이 있으며 정오까지 잠을 자고, 대학 때
　　마약을 복용했고, 매일 한 번씩 위스키의 4분의 1을 마신다.

(다) 전쟁 영웅으로 채식만 하고 담배도 안 피우고 필요할 때만 맥주를

● 도전하는 청춘이 아름답다

조금 마실 뿐이다. 불륜은 한 적도 없고 죽을 때까지 단 1명의 애인
만 사귀었다.

_ 김정운, 『노는 만큼 성공한다』, 21세기북스, 2005

답이 좀 의외인데 (가) 루스벨트, (나) 처칠, (다) 히틀러다. 어려서 읽었던 위인전에 나오는 루스벨트나 처칠은 탁월한 리더십으로 훌륭한 업적을 남기고 사람들의 존경을 받는 인물이다. 위인전은 좋은 점에 초점을 맞추고 그 부분만 부각한다. 그렇게 따지면 좋지 않은 사람이 없고 훌륭하지 않은 사람이 없다.

반면 히틀러는 수많은 사람들을 죽음으로 몰아넣은 역사의 죄인, 그에 대해서는 죄악성에 초점을 맞추고 그것들을 파헤친다. 마찬가지로 그런 잣대를 들이댄다면 포악하지 않은 사람, 죄인이 아닌 사람은 이 세상에 한 명도 없을 것이다.

인간은 영웅 신화를 만들어내는 속성이 있다. 그 이유는 인간 심리가 그 안에서 안정감을 찾고 신화를 매개로 공동체를 결속시키는 힘을 가질 수 있기 때문이다. 영웅 신화를 분석해보면 크게 두 가지 특징이 있다.

첫째, 선과 악으로 나누는 이분법적 논리를 갖고 있다. 즉, 좋은 나라 아니면 나쁜 나라이고, 빨간 팬티 아니면 파란 팬티다. 그리고 종국에는 좋은 나라가 나쁜 나라를 이긴다. 권선징악인 것이다.

둘째, 옛날 영웅들에 관한 전설이나 신화를 분석해보면 대개 일정한

서사 구조를 갖는 것을 볼 수 있다. 일단 영웅은 출생이 뭔가 특이하고 남다르다. 누군가로부터 특별한 계시를 받고 태어났거나 알에서 태어났거나 하는 식이다. 그리고 어린 시절 반드시 피살 위기를 겪고 유모가 아기를 감싸 안고 탈출하여 멀리 도망가서 키운다. 이 아이는 성장하면서 혹독한 시련을 겪게 된다. 그러나 결국은 온갖 위기를 넘기고 금의환향하여 위대한 업적을 남긴 뒤, 남들과는 다른 죽음을 맞이한다. 경우에 따라서는 죽을 때 하늘의 별도 떨어진다. 신화에 따라 조금씩 다를 뿐 큰 틀은 이 구조에서 크게 벗어나지 않는다.

신화의 함정

이런 얘기가 우습게 들릴지도 모르겠지만 우리는 현대판 영웅 신화 속에서 살아간다. 수천 년 전 영웅들에 대한 신화의 원형이 현대를 사는 우리 정신 속에 조금 변형됐을 뿐 그대로 남아 있다. 우리가 읽었던 영웅전이나 위인전들을 보면 잘 알 수 있다.

선과 악의 흑백논리는 아직도 우리 의식 속에 남아 말과 행동을 지배한다. 루스벨트, 처칠, 히틀러의 예가 그것을 웅변한다. 사람은 좋은 점도 있고 나쁜 점도 있는데 그것을 고려하지 않고 한쪽으로 치우쳐서 균형감을 잃어버리는 것이다. 또한 인간 세상에는 선과 악이라는 잣대 이외에도 다양한 기준이 존재하는데 그러한 다양성을 인정하는 포용력을 가지지 못한다. 이것은 현재 우리네 교육에도 스며들어 있다.

이렇게 하면 착한 아이, 저렇게 하면 나쁜 아이라는 잣대로 판단하면서 아이들에게 윤리 도덕을 강요한다. 또 공부 잘하는 아이와 못하는 아이로 구분해서, 착하고 공부 잘해야 성공한다는 권선징악 사고방식을 갖고 있다.

기업 마케팅에서도 '어느 회사가 이런 비결로 성공했대' 하는 성공 사례들을 얘기한다. 나는 그런 것 별로 믿지 않는다. 실제로 책에 인용된 성공 기업들이 책이 출판된 지 몇 년 지나지 않아 나락으로 떨어지는 경우가 비일비재하다. 무엇이 성공이고 무엇이 실패인지도 애매하지만 우리 회사와 그 회사는 다른 기업 문화와 의식, 즉 다른 DNA를 가지고 있는데 남의 방식을 적용한다고 똑같은 결과를 만들어낼 수 있을까? 남의 것 모방했다가 실패하는 경우가 더 많다. 다른 회사의 성공 비결이 우리 회사에는 실패 원인이 될 수도 있다.

영웅 신화들의 서사 구조도 마찬가지다. 위인전에 나오는 성공한 사람들은 이러이러한 과정을 거치고, 저러저러한 덕목을 가지고 있으리라는 환상에서 벗어나지 못하는 것이다. 책 속에 등장하는 그들은 정말 대단하고 우리 같은 일반인들은 범접할 수 없는 경지에 오른 것처럼 보인다.

아직도 이러한 신화에 얽매어 있는 것을 보면 현대인들의 뇌가 구석기 인류의 뇌에서 진화하지 않았다는 말이 맞다. 교육을 할 때도 그 신화의 구조를 강요한다. 영웅전이나 위인전에 나오는 단면만 돋보기로 비추면서 이래야 성공할 수 있다고, 그러한 영웅들을 닮으라고 스트레스 주면서 아이들의 본성과 타고난 탤런트를 훼손하는 것이다. 영웅들도 우리와 똑같이 밥 먹고, 오줌 누고, 똥 싸고, 섹스하고, 욕하고, 싸우는 사람이라는 것을 아이들에게 가르쳐주는 어른은 별로 없다. 어릴 적부터 그저 아이들을 주눅 들게 한다.

영웅 신화는 사람들을 착시 현상에 빠지게 한다. 그러므로 어릴 적부터 강요받은 신화적 환상은 청년으로 성장해서도 현실감각이 떨어지게 하고, 자칫 열등감과 부정적인 마음을 갖게 하는 역작용을 일으킬 수 있다.

또한 신화는 인간 초월적인 것이라 여기기에 더 무서운 힘을 가진다. 고정관념을 만들고 틀을 굳게 해서 여간해서는 깨지지 않는다. 그런 사람은 유연한 사고를 하기 어렵고, 상대방을 이해하거나 포용하지 못하고 자기주장만 하게 된다. 당연한 결과로 커뮤니케이션 능력이 떨어지고 사회성을 갖기 어렵다.

이제는 신화를 극복하는 성숙한 의식을 가져야 한다. 청년들 의식 속에 자리 잡고 있는 영웅이나 위인들에 대한 거인환상을 깨뜨려야 한다. 인간을 수직적이 아니라 수평적으로 볼 줄 아는 균형 잡힌 시각을 가져야 한다. 우리나라가 일류 국가로 뛰어오르기 위해서는 영웅 신화를 뛰어넘는 성숙함이 필요하다.

● 도전하는 청춘이 아름답다

나쁜 '착한 소녀 증후군'

지금 20, 30대 청년들은 특히나 그런 스트레스를 많이 받은 세대다. 어린 시절 부모들은 아이들을 영웅 신화에 대입해서 너도 저렇게 해야 성공한다고 주입해왔다. 엄친아, 엄친딸이 그런 거다. 그것은 정말 위험한 일이다. 그 사람은 그 사람이고, 나는 나일 뿐이다. 우리나라 교육이라는 게 아이들을 모범적이고 공부 잘하고 부모 말 잘 듣는 착한 아이로 키우겠다는 현대판 영웅 신화에 사로잡혀 있는 셈이다.

여자들이 갖는 심리적인 압박감 중에 '착한 소녀 증후군'이 있다. 부모들이 딸에게 '너는 착한 소녀가 되어야 한다. 착한 소녀라면 이런저런 일들을 해서는 안 되고, 조신하게 행동하는 숙녀로 성장해야 한다'라는 바람을 어린 시절부터 계속 주입하고, 이것이 아이의 내부에 잠재되어 콤플렉스가 되는 것이다.

이 역시 성공 신화의 변형이다. 즉, 현모양처나 신데렐라라는 성공을 이루기 위해 해야 할 일과 해서는 안 될 일을 규정해놓고는 자녀들이 그 신화를 꿈꾸게 하는 것이다.

그렇게 자란 아이는 평생을 이러한 사회적 성性 역할 관념의 질곡桎梏 속에서 살아가게 되며, 자신이 엄마가 되어서도 그 악순환이 계속된다. 더 위험한 것은 이 콤플렉스가 심하면 반작용으로 엉뚱한 행동을 불러일으켜 사회적으로 물의를 일으킬 수 있다는 점이다.

여성들이 사회의 중추적 역할을 맡아가고 있으며, 그 추세는 향후

꿀●

더욱 강해질 것이다. 그런데 여성들이 사회에서 일할 때 자기에게 주어진 일만 열심히 하는 근시안에 빠진다는 점을 지적하는 사람들이 많다. 자기에게 맡겨진 일의 울타리 안에서는 꼼꼼히 착실하게 잘하는데 조금만 틀에서 벗어나면 힘을 쓰지 못한다는 것이다. 또 포용력이 부족하여 주위 사람들과 조화를 이루지 못하고 외골수 같은 행동을 하는 경우도 많다. 원인은 착한 소녀 증후군 때문이다.

특히 우리나라의 유교 전통은 여성에게 많은 규제와 틀을 만들어놓았다. 발이 예뻐야 미인이 된다고 어릴 적부터 발을 꽁꽁 묶어 발이 자라지 않으면 성인이 되어 제대로 걷거나 뛰어다닐 수 없듯이, 어릴 적부터 여자는 이래야 된다, 저래야 된다 가르치는 사회적 편견이 여성들의 일생에 질곡을 씌운다.

이러한 질곡은 정신적 성숙을 방해한다. 그래서 성인이 되어서도 사춘기 소녀처럼 괜한 고집을 피운다든가 예상치 못한 행동을 하는 경우가 있다. 정신적으로 성숙되지 않아 성인아이로 남아 있는 것이다. 더불어 왜곡된 세계관과 인생관, 가치관을 갖게 된다.

이런 여성들은 생활도 반듯하고 성실하고 겸손한 데다 심성도 약하고 곱다. 그러나 평상시에는 아주 온순하다가도 상대방의 의견이 자신과 배치된다든지 자기 세계관이나 인생관에 벗어나는 사건을 만나면 자존심을 내세우고 전혀 다른 사람으로 돌변하기도 한다. 자신의 틀 안에 들어오는 행동이나 말은 받아들일 수 있지만 그것을 벗어나면 잘 수용하지 못하는 것이다.

그런 사람들의 말에는 가시가 돋쳐 있다. 내면이 곱고 약하기 때문에 그것을 보호하려고 가시를 내뻗는 것이다. 심한 경우에는 독기를 내뿜어 주위 사람들에게 큰 상처를 입힌다. 심리학자들은 심하면 자폐 증세를 보일 수도 있고, 피해망상에 시달리며 우울증으로 번질 수 있다고 경고한다. 아이를 교육하는 엄마가 이렇다면 더 큰 문제다. 자녀들의 미래에 나쁜 영향을 끼칠 게 분명하니까 말이다.

야野한 청년이 되라는 것은 남자들만의 문제가 아니다. 세상의 흐름이 남성에서 여성 주도로 넘어가고 있다. 어린이집이나 유치원에 가보라. 대부분의 선생님들이 여성이다. 한 사람을 키우는 교육의 길목을 여성들이 잡고 있는 셈이다. 여성적인 가치관과 생활관이 사회를 지배할 수도 있다.

여성들의 삶의 양식도 달라졌다. 이젠 좋은 남자 만나 시집 잘 가고 내조 잘해서 남편을 성공하게 함으로써 자신의 성공을 대신하는 세상이 아니다. 우리 오빠 말 타고 장에 가셨다 사 오는 비단구두나 기다리던 시절은 지나갔다는 얘기다. 알파걸이 많아지고 사회 전반적으로 그들의 영향력이 커지면서 여성의 사회적 성 역할도 달라지고 있다. 신新모계사회로 이행하고 있는 이때 착한 소녀 증후군에 빠져 있어서는 안 된다. 기대려는 생각을 버리고 당당히 자기 삶의 주인공으로 살아가라.

신新영웅시대

우리 교육은 신화적인 틀을 정해놓고 아이들이 그 안에 들어오기를 강요한다. 그래야 착한 아이고, 윤리 도덕적으로 훌륭한 사회인이 될 수 있다고 가르친다. 이것은 야생마가 되어서는 안 되고 온실에서 살아가라는 것과 같다. 여기에 종교까지 가세한다. 이 과정에서 인간을 자유롭게 하는 진리의 본질은 왜곡된다.

고분고분 부모 말 잘 듣는 아이는 오히려 병원에 데려가봐야 한다. 어렸을 때 사고 쳐보지 않은 아이들이 어른이 되면 엉뚱하게 더 큰 사고를 칠 수 있다. 어릴 적에 홍역을 치르지 않으면 더 큰 병에 걸리는 것과 같은 이치다. 앞에서 예로 든 히틀러가 그것을 증명한다. 히틀러는 어려서 모범생이었지 사고뭉치가 아니었다. 어릴 때는 부숴먹고 싸우고 제멋대로 하는 야생성 있는 사람이 정상이고 건강한 것이다.

잘못된 신화에 투영되는 윤리 도덕은 한 사람을 틀에 얽어매서 정신적 장애인으로 만드는 죄악임을 깨달아야 한다. 약藥과 독毒은 한 뿌리에서 나온 것이다. 잘 쓰면 약이 되지만, 과하거나 잘못 쓰면 독이 되는 법이다.

그래서 청년들이 저항해야 한다. 어릴 적부터 학습되어 남아 있는 영웅 신화의 찌꺼기들과 왜곡된 환상을 제거해야 한다. 그러기 위해서는 세상을 남의 카메라로 보아서는 안 된다. 다른 사람이 찍은 사진은 그 사람이 프레임을 잡아 줌인해서 앵글을 잡은 것이다.

어느 외국의 아름다운 도시 사진을 보았다고 치자. 그 도시에는 아름다운 면만 있는가? 더러운 뒷골목도 없고 거리에 쓰레기도 뒹굴지 않고 사람들은 모두 친절하고 잘살까? 지구상에 그런 유토피아는 없다. 아름다운 면이 있으면 추한 면도 공존하는 것이다. 그러나 우리는 줌인된 사진만 보고 아름답다는 환상을 갖는다.

그뿐 아니다. 우리가 텔레비전에서 보는 것들은 편집된 영상이다. 편집 효과에 현혹되는 것이다. 지금까지 언론 미디어가 힘을 가질 수 있었던 것은 '시선이 권력'이기 때문이다. 그들의 시선으로 보여주는 세상에 일반인들이 길들여져 있다. 줌인 효과나 편집 효과, 카더라 통신에 현혹되지 말라. 이제 나만의 관점으로 나만의 앵글을 잡아야 한다.

이 세상에는 거인도, 영웅도 없다. 타인을 존경하고 그 사람에게서 좋은 점을 배우려고 하는 겸손한 자세와 타인에게 막연한 환상을 갖는 것은 전혀 다른 얘기다. 당신 안에 영웅이 있다. 단지 그것이 살아나지 못하는 이유는 당신 스스로 자신의 생명력을 죽이고 있기 때문이다. 철 지난 윤리 도덕의 관습들, 스펙을 중시하는 세속적 가치관, 잘못된 교육이 만들어놓은 고정관념의 단단한 틀, 이런 것들이 우리 내면에 숨어 있는 영웅을 가두고 있다.

'차카게 살자'는 조폭들의 구호다. 이젠 '차카게' 살아서는 안 된다. '아카게' 살아야 한다. 동물원 안에서 사육사가 던져주는 먹이나 받아먹으면서 쇼를 하는 제돌이가 아니라, 굶을 수도 있고 죽을 고비를 만날 수도 있지만 넓은 바다를 자유로이 헤엄치는 야생 돌고래로 살아가

꿈 •

야 한다.

세상에 쫄지도, 기죽지도 말라. 우리를 주눅 들게 하는 사람들의 헛소리에도 귀 기울이지 말라. 모든 사람은 누구나 한 칼을 가지고 있다. 그것을 찾아내서 키우다 보면 때가 온다. 누구에게나 살면서 몇 번의 기회가 찾아오는데, '나'를 발견하고 때를 준비하는 사람에게는 그것이 호재가 되는 반면, 준비하지 않은 사람에게는 아무런 변화도 일어나지 않는 법이다. 하늘은 스스로 돕는 자를 돕는다.

사회적으로 성공을 거두었다는 사람들이 보통 사람보다 뛰어나거나 강점이 많은 건 절대 아니다. 때를 만났고 그것을 잘 탄 것이다. 그것은 얼마나 간절한가, 얼마나 기민한가에 따라 판가름 난다.

'내'가 살아 있을 수 있도록 늘 깨어 있으라. 그렇게 견디고 기다리면 반드시 영웅의 때를 만날 것이다.

● 도전하는 청춘이 아름답다

너의 목소리를
질러

,

죽을 때까지 자신의 이름을 찾아가는 게 인생이다

한때 인터넷에서 인디언식 이름 짓기가 유행한 적이 있었다. SNS를 통해 급속도로 퍼지더니 일본식, 중세시대식, 아즈텍식, 나중엔 조선식까지 등장했다. 나도 궁금해서 한번 해봤더니, 부모님이 지어주신 이름의 뜻은 '별[台]의 얼굴[畜]'인데 인디언식으로 하면 '늑대의 정령', 일본식으로는 '달의 요괴'란다.

하하, 어쨌든 재미있다. 종족들마다 작명법이 달랐겠지만 이름에는 이런 사람이 되었으면 하는 바람을 담기도 하고, 이런 운명을 타고 태어났을 거야 하는 생각이 스며들어 있는 것 같다.

노자는 『도덕경』의 첫 장을 이름에 관한 이야기로 시작한다.

道可道, 非常道. 名可名, 非常名.

길[道]과 이름[名]을 같은 선상에 두고 대칭한 점이 흥미롭다. 인생이라는 길이 사람의 이름과 밀접하게 관련되어 있다는 생각이 깔려 있기 때문일 것이다. 노자의 글을 이렇게 해석할 수도 있다.

"우리가 길이라고 생각하는 길이 진짜 길이 아니고, 이름 붙인 이름이 진짜 이름이 아니다."

사람은 누구나 진짜 자신이 누구인지 헷갈려 한다. 이런 면도 있는 것 같고 저런 점도 보이고, 이랬다저랬다 하는 것이다. 마흔이면 불혹不惑하고 쉰이면 지천명知天命할 수 있을 것 같지만 그런 사람 별로 없다. 죽을 때까지 평생 자신을 찾아가는 게 인생, 산다는 것은 구도求道의 연속이다.

청년들은 더더욱 그럴 수밖에 없다. 아직 연륜과 경험이 짧은데 어떻게 인생길의 방향을 확고히 정하고 목표를 향해 정진할 수 있겠는가? 대학생들은 수능 점수에 맞춰 일단 입학은 했는데 내가 선택한 전공이 맞나 의구심이 들 것이고, 직장을 다니는 청년들은 이 일이 나의 업業이 맞나 고스톱을 계속할 것이다. 비전을 품고 창업의 길을 걷다가 미궁에 빠진 경우에는 두말할 나위가 없다.

흔들린다고 너무 스트레스 받지 말라. 길을 걷다가 이 길이 맞을까 회의에 빠지기도 하고, 나는 대체 어떤 사람일까 싶어 정체성의 혼란을 겪는 것은 당연한 현상이다. 그렇게 눈에 보이는 길이 진짜 길이 아

• 도전하는 청춘이 아름답다

닐 수도 있고, 지금까지 불러왔던 이름이 나의 진짜 이름이 아닐 수도
있는 것이다.

날아가는 새는 뒤를 돌아보지 않는다

청년들의 가장 중요한 문제는 진로다. 대학생들의 경우, 성적에 맞춰
전공을 정하고 대학에 들어왔으니 적성에 맞지 않아 고민하는 학생이
많을 수밖에 없다. 대학 전공 때문에 너무 고민할 필요 없다. 대학의 전
공이란 연구의 효율성을 높이기 위해 인위적으로 나누어놓았던 것인
데, 융합과 통섭의 결과 학문 간의 경계가 허물어지는 변화가 일어나
고 있기 때문이다.

전공을 바꿀까 말까 고민할 시간에 그 분야에 관심을 갖고 다양한
경험을 해보는 편이 낫다. 꼭 어떤 학과에 가야 다른 전공을 공부할 수
있는 것은 아니지 않은가? 지금의 전공에 집중하면서 끊임없이 다른
분야와의 융합을 시도하고 근본적인 합일점을 찾아보려는 야생성이
필요하다. 그래야 통섭이 일어나고 거기서 지금까지와는 다른 창의적
인 아이디어가 나올 수 있다. 그러다 보면 내가 가고자 했던 길이 열릴
것이다.

직업 역시 마찬가지다. 융합의 결과 수많은 직종이 사라지고 이제껏
몰랐던 새로운 직종이 등장하고 있으며, 지금 인기 있는 직업과 비인

기 직업 간의 역전도 일어날 것이다.

어떤 직종이 나에게 맞는 것일까, 지금 다니는 직장이 내 길일까 고민하는 데 시간을 너무 많이 쓰지 말라. 어떤 업종의 회사를 다니든, 어떤 부서에서 어떤 업무를 하든, 바꿀까 말까 생각하는 시간에 자신의 업業을 찾으려는 노력에 투자하는 것이 현명하다. 길을 떠났으면 뒤돌아보지 말고 앞을 보라. 가다 보면 새로운 길이 보이고 기회가 열린다. 날아가는 새는 뒤를 돌아보지 않는 법이다.

당신은 인생의 주인입니까?

그러기 위해서는 주인 의식을 가져야 한다. 내가 이 회사의 주인이라고 생각하라는 뜻이 아니다. 회사 지분도 없는 사람이 무슨 주인인가? 회사의 주인이 아니라 내 삶의 주인이라는 생각을 갖고 일해야 한다. 회사에서 주는 월급이나 받아먹는 사람이 아니라 '내가 곧 비즈니스' '내가 곧 브랜드'라는 정체성을 갖고, 내가 내 삶의 주인이라는 의식을 가지고, 오히려 내가 회사에 내 월급의 몇 배를 벌어주겠다 생각하면서 일하는 사람은 눈빛도 다르고 성과도 다르다. 그런 사람에게는 기회가 저절로 찾아오게 되어 있다.

신입 사원 시절, 복사할 때도 비즈니스 마인드를 가지고 해서 성공한 사람의 이야기를 들은 적이 있다. 대개는 복사를 해 오라고 하면 아무 생각 없이 복사기에 대고 버튼 눌러서 복사해 온다. 그런데 이 사람은 상사가 복사해 오라고 했을 때 이것을 복사해서 어떤 용도로 쓰려는 것일까를 생각했다는 것이다. 축소해서 전체가 한눈에 들어오게 해야 할까, 아니면 특정 부분만 확대하는 것이 좋을까도 고민했단다. 복사 하나를 할 때도 남들과는 다른 생각을 해서 상사가 이 점을 금세 알아채고 더 큰 일을 맡긴 것이다.

그냥 남들처럼 상사가 시키니까 아무 생각 없이 일하는 사람은 오래가지 못한다. 내가 스스로 찾아서 공부를 하고 일을 만들어내는 사람만이 가치를 창출할 줄 아는 능력이 생긴다. 그런 사람은 어느 학교를 나왔건 어떤 직장에서 무슨 일을 하건 결국 자기 삶의 주인이 된다. 좋은 스펙 만들어서 편안하게 살아가는 것은 젊은 시절 잠깐 가능할 뿐이다.

회사에서 야성적으로 일하라. 시스템 매뉴얼에 따라 주어진 일만 잘하면 된다는 생각을 버리고, 새로운 아이디어도 내고 새로운 일에 도전하는 패러다임 개혁가paradigm shifter가 되어야 한다. 책상에만 앉아서 전략 짜는 일에 골몰하지 말고 현장으로 나가서 고객들과 대화하고 발로 뛰어야 한다. 공장에만 머물지 말고 광장으로 나가야 시야가 넓어지고 세상의 변화도 읽을 수 있다.

불행하게도 이런 직원들이 많지 않다. 크게 두 가지 이유 때문이다. 첫째는 회사 시스템 때문이다. 조직은 시스템으로 돌아간다. 그래서 개인들의 창의성이 발휘될 만한 여지가 별로 없다. 경영진들은 말로는 혁신을 부르짖고 실패를 용인하는 조직 문화를 만들겠다고 하지만 현실은 그렇지 못하다. 신입 사원들이 입사할 때는 뭔가 해보겠다는 포부를 가지고 튀는 행동도 해보지만 조금 지나면 길들여진 양처럼 온순해진다. 동물원에서 원하는 것은 이런 게 아니었구나 하고 느끼는 것이다.

두 번째 원인은 청년들 자신에게 있다. 물론 원인 제공자는 부모 세대이긴 하지만, 지금 청년들은 과잉보호를 받고 자랐고 대량생산하는 공장 같은 학교에서 교육을 받았다. 그러다 보니 주어진 업무를 열심히 아무 탈 없이 하는 데에만 익숙하지 스스로 뭔가 새로운 것을 잘 시도하지 못한다. 어릴 적부터 스스로 결정하고 도전해본 경험이 별로 없기 때문이다. 그러려고 하면 부모님이나 선생님에게 거절당하고 규제받아왔으니까.

새로운 것을 배울라치면 노량진이나 강남역으로 가지 않으면 안 된다. 어릴 적부터 입시에 치어서 스스로 문제를 해결하는 훈련을 할 시간이 없었기 때문이다. 회사 일을 할 때도 족집게처럼 찍어서 아주 구체적으로 지시해야 일을 하지 스스로 문제를 찾아내고 개념을 정리해서 해결책을 만들어내는 청년들은 흔치 않다. 학교에서 공부 잘했던 사람일수록 더 근시안적이고 틀에서 벗어나지 못한다.

거기다 지금 청년들 너무 자기중심적이다. 부모로부터 대접만 받아온 데다 형제가 많지 않다 보니 남을 배려하고 주위 사람들과 소통하는 데에 익숙지 못하다. 소통이 원활하지 않으면 회사가 제대로 돌아가지 못한다. 공감, 배려, 섬김의 리더십이 갈수록 중요해지고 있다.

동물원 같은 조직에서 매달 월급 나온다고 야성이 거세된 채 안주하고 있으면 안 된다. 야생의 언어를 잊어버리지 않도록 계속 움직여야 한다. 언어는 안 쓰면 잊어버린다. 언젠가는 야생으로 나가야 하는데, 그때는 이미 늦다.

회사가 붙잡는 사람들의 비밀

내가 회사의 도움을 받는 게 아니라 내가 회사에 가치를 창출해주고 도움을 주는 사람이 되려는 야성을 가져라. 그래야 회사를 붙잡는 사람이 아니라 회사가 붙잡는 사람이 될 수 있다. 좀 손해 보면 어떤가? 남들보다 좀 더 많이 일하고 양보하는 것이 그리 억울한가?

그렇게 내가 비즈니스고, 내가 브랜드라는 마음가짐으로 일하다 보면 새로운 기회가 스스로 찾아온다. 많은 사람들은 지금의 상황이 계속 지속되리라고 착각한다. 그래서 지금 어려우면 영원히 못 헤쳐 나올 것 같아 주눅 들고, 지금 잘나가면 영원히 잘나가리라는 착각에 빠져 우쭐대는 것이다.

주인 의식을 갖고 자신의 업을 추구하다 보면 지금 어떤 상황에 처해 있건 더 좋은 길이 열리게 되어 있다. 다른 부서에서 자신에게 적합한 업무를 하게 된다거나, 이직이나 창업 기회가 생길 수도 있다. 현재

꿈 •

에 충실하면서 자신의 업을 찾아보라.(업이 꼭 직업만 의미하는 것은 아니다.) 그러다 보면 업이 보인다.

가장 나쁜 것은 근시안에 빠져 눈앞의 이利를 좇는 소인배 근성이다. 어릴 때부터 배운 소아적 효율성의 덫에 빠져 자신을 스펙화하는 사람은 그렇게 될 수밖에 없다. 스펙으로 자신의 삶을 치장하는 것은 참으로 어리석고 불쌍한 일이다. 생명을 빼앗기고 자신을 스스로 소외시키는 결과를 낳기 때문이다. 이利를 좇는 사람은 스펙에 연연하고, 업業을 구하는 사람은 자신만의 스토리를 만들어간다. 스토리 없이 브랜드는 만들어지지 않는다.

스토리가 스펙을 이긴다

몇 년 전, 한 모임에서 나갔다가 당시 베스트셀러였던 『스토리가 스펙을 이긴다』의 저자를 만난 적이 있다. 책이 정말 공감된다고 생각하던 차에 운 좋게도 직접 청년 저자와 만나 매우 유쾌한 대화를 나눌 수 있었다. 이 구절이 마음에 와 닿았다.

비교를 멈추자 구별되기 시작했고, 최고를 포기하자 유일의 길이 열리고, 상품임을 포기하자 작품으로 변해갔고, 경쟁을 피하자 진정한 승리를 맛보았고, 업業에 주목하자 직職이 손을 내밀고, 그리고 마침내 기회

• 도전하는 청춘이 아름답다

가 찾아왔다.

_ 김정태, 『스토리가 스펙을 이긴다』, 갤리온, 2010

다행한 것은 요즘 우리 사회에도 이런 청년들이 곳곳에 많아지고 있다는 것이다. 문제는 드러나지 않는다는 것이지만.

『멈추지 마, 다시 꿈부터 써봐』를 쓴 김수영이라는 서른두 살 여성의 인생 스토리를 들으면서 적잖은 감동을 받았다. 넉넉지 못한 가정 형편에 중학교 때는 소위 문제아로 퇴학까지 당했다가 극적인 반전을 이루어 명문대 출신의 영국 로열 더치 셸의 직원이 되었다. 그리고 전 세계를 다니면서 사람들을 인터뷰하고 자신의 버킷 리스트를 실행하는, 어찌 보면 많이 들어봤음직한 성공 스토리였다. 그러나 그렇게 치부해버리기에는 그녀의 야생성이 너무나 아까웠다.

점점 황폐화되는 현 세태에 야생마 같은 그녀의 스토리는 반가운 단비고, 스펙만 중시하고 소인배만 양산해내는 우리 교육에 경종을 울리는 골든벨이고, 세속적인 가치관에 물들어 암울할 것 같은 우리 사회의 미래 모습에 반전을 이루어줄 희망의 얼굴이다. 일류대 나와서 좋은 직장 들어가려고 동분서주하는 엄친아보다, 뭐 입을까 어디를 고칠까만 고민하는 엄친딸보다 그녀가 훨씬 예뻤다.

몇 년 전인가, 〈다큐 3일〉이라는 텔레비전 프로그램에서 홍대 앞에서 음악이나 디자인 활동을 하면서 미래를 꿈꾸는 청년들을 봤다. 대학 졸업하고 직장을 다니다가 자신이 진정 하고 싶은 일을 찾아 나선 젊은이도 있었고, 아예 대학을 포기하고 마음에 맞는 친구들과 자취하면서 이곳에 둥지를 튼 학생도 있었다.

이들은 돈벌이를 잘하는 것도 아니고, 사회적으로 인정받을 만한 프로페셔널리즘이 있는 것도 아니었다. 미래가 보이지 않는데도 자신이 하고 싶고 좋아하는 일을 할 따름이었다. 이 무슨 21세기형 와이키키 브라더스냐며, 부모 속이나 썩이는 녀석들로 치부될 수도 있을 것이다.

그러나 그 프로그램을 보면서 '저 친구들 나중엔 크게 되겠다'라는 생각이 들었다. 창의적이며 남들이 보지 못하는 생각을 할 줄 알고, 끼와 깡이 살아 있는 야野한 청년들이었다. 산업화시대에는 스펙이 좋은 사람이 인정받았지만, 지식정보시대로 변하면서 스토리를 만들 줄 아는 사람이 인재로 인정받기 때문이다.

조금만 생각해보면 알 수 있다. 지금 비즈니스 판도를 뒤흔드는 '큰 도적'들은 스펙 좋은 사람이 아니라 자신만의 스토리를 만들어온 사람이다. 꿈, 끼, 깡, 꾀, 꼴을 거세해버리고 스펙에 맞춰 틀에서 대량으로 찍어내는 우리네 교육으로는 잘해봐야 '좀도둑'이나 만들 뿐이다. 과연 지금의 교육으로 이 거대한 물결을 감당할 수 있을까, 우리 사회의 미래가 어떻게 될까 하는 생각에 마음이 답답해진다.

그러나 그들에게서 희망을 볼 수 있었다. 역사는 드러나는 메이저리거가 아닌 숨어 있는 창조적 마이너리티creative minority에 의해 발전되어왔기 때문이다.

• 도전하는 청춘이 아름답다

자신만의 스토리로 승부하라

꿈을 꾼다는 것은 죽기를 각오하는 일이다. 꿈을 꾸는 것이 어려운 게 아니라 그것을 이루어가는 과정에서 죽을 것 같은 두려움을 직면하기 때문이다. 한두 번이면 해보겠지만 오랜 시간 오르막내리막이 반복되면 주저앉게 되고, 그 좌절감과 현실적인 압박감이란 말로 다 표현할 수 없다.

그렇더라도 자신만의 스토리를 써가야 한다. 대학 시절 스펙 쌓겠다고 여기저기 쫓아다니지 말고 자신의 스토리 만드는 데에 시간을 투자해야 한다. 그래서 대학 졸업할 때쯤이면 남에게 들려줄 스토리가 하나쯤은 있어야 한다. 직장에 인터뷰하러 가서도 어떤 온실에서 어떤 스펙을 쌓았는지 말하지 말고, 나는 어릴 때부터 이런 꿈을 꿔왔고 그 꿈을 위해 이런 사람을 만나고 이런 경험을 하고 이런 공부를 준비해왔다는 자신만의 이야기를 해야 한다. 그래야 당신 회사에 내가 기여할 수 있다고 큰소리 뻥뻥 칠 수 있다. 앞으로 회사들은 그런 야野한 사람을 뽑을 것이다.

알레스데어 매킨타이어는 인간은 "서사적 자아storytelling feature"라고 했다. 인간은 본질적으로 이야기하는 본능을 가졌으며, 내가 할 일이 무엇인지 알려면 먼저 자신이 어떤 이야기의 일부인지 알아야 한다는 것이다. 스토리 속에서 나의 업을 찾을 수 있다. 그러기 위해 우리 모두는 스토리텔러가 되어야 한다.

꿈•

립싱크하지 말고 네 소리를 질러봐

스토리를 만들려면 '나'의 목소리를 들을 수 있어야 한다. 여기에는 용기가 필요하다. 그게 용기와 무슨 상관이 있느냐고 반문할지 모르겠지만, 있다. '나'와 마주선다는 것은 경이로운 일이나 두려움을 수반하기 때문이다.

대부분의 사람들은 자기 생각을 알지 못한다. 생각하지 않기 때문이다. '내 생각이 뭘까?' 고민하면서 탐구할 때 우리는 '생각을 생각하고' 있는 것이지 '생각하고' 있는 것이 아니다. 생각의 실존과 마주 서지 못하고 생각의 그림자만 보고 있다는 얘기다.

우스꽝스러운 이야기가 있다.

어떤 사람이 자신의 집 앞에서 무언가를 열심히 찾고 있었다. 지나가던 사람이 "무엇을 그리도 찾으세요?"라고 물었다.

"예, 열쇠를 잃어버렸는데 찾을 수가 없네요."

"어디서 잃어버리셨는데요?"

"예, 방 안에서요."

"아니, 집 안에서 잃어버린 것을 왜 밖에서 찾고 있으세요?"

"방 안은 너무 어두워서요."

방 안에서 잃어버린 물건을 어두워서 못 찾겠다고 밖에서 찾는 주인공이 참으로 어리석다는 생각이 들지만, 알고 보면 그는 우리의 자화상이다. 우리는 자기 마음을 들여다보고 '생각하는' 것을 불편해한

● 도전하는 청춘이 아름답다

다. 왜냐하면 어둡기 때문이다. 어두우니까 두려움을 느끼는 것이다.

그러다 보니 우리가 보고 듣는 것의 대부분은 그림자이지 실체가 아니다. 그림자는 시시각각 변한다. 시간의 흐름에 따라 길어지기도 하고 없어지기도 하고 모양도 변한다. 그림자만 좇다가 마치는 인생처럼 불행한 인생이 없다. 내가 살아 있음을 느끼고 내 생명의 꿈틀거림과 숨소리를 즐길 줄 모르면 삶다운 삶을 살아갈 수 없는 것이다. '나'를 찾아야 한다.

언젠가 음악감독 박칼린 씨가 솔리스트를 훈련하면서 던진 멘트가 계속 머릿속에 맴돌았다. 피아노 반주에 묻혀서 내 목소리도 데려가 달라는 식으로 노래하지 말고, 피아노 소리를 끌고 간다는 느낌으로 노래를 지르라는 것이었다.

우리 삶도 그렇지 않을까? 자기 내면의 소리를 듣지도 지르지도 못하고, 주위 소리에 묻혀서 뜨거운 열정도 꿈도 없이 살아가고 있는 것은 아닐까? 세상 모든 일이 그렇다. 진정성 없이 기술만 배워서 하는 일은 아무런 감동을 주지 못한다. 지금 좀 힘들더라도 자신의 소리를 지르는 연습을 하면 무대에 섰을 때 큰 감동으로 이어질 것이다. 아니, 연습 과정 자체가 이미 감동이다.

많은 청년들이 자기 내면의 세계를 직시하지 못한 채 자신의 소리를 듣지도 지르지도 못하고 립싱크하고 있다. 획일적인 사고를 강요당하면서 퀭한 눈에 시선이 고정되어 있는 노예를 연상하게 한다. 이래서는 큰일 난다.

나만의 버킷 리스트를 작성해서 잘 보이는 곳에 붙여놓으라. 머릿속으로 생각만 하기보다는 글로 써보면 생각이 구체화되고 생각지 못했던 것들을 발견할 수 있다. 또 글로 써놓아야 실행으로 옮길 확률이 높다.

안정된 자리에 안주하지 말고 뛰쳐나가 실행에 옮겨보라. 빨리, 많이 실패하라. 흔들리지 않고 피는 꽃이 어디 있겠는가? 바람도 맞고 폭풍우와도 맞서라.

립싱크하지 말고 네 소리를 질러봐, 제발.

99퍼센트의
성공학

꼴찌에게 보내는 갈채

대학 시절에 소설가 박완서의 수필집 『꼴찌에게 보내는 갈채』를 감명 깊게 읽었다. 어느 날 버스를 타고 가다 마라톤 행렬을 만나는 바람에 오도 가도 못하게 되어, 길가에서 마라톤 선수들이 뛰는 모습을 보면서 느낀 것들을 쓴 글이다. 그녀가 버스에서 내렸을 때는 이미 선두주자가 결승점에 들어서고 있었다. 라디오에서는 '골인, 골인'을 외치는 아나운서의 숨 막히는 소리와 관중들의 환호성이 울리고 있었다.

그날 그녀가 본 것은 결승점에서 수킬로미터 못 미쳐 달리고 있는 꼴찌 주자들의 모습이었다. 그 장면을 이렇게 표현했다.

"여직껏 그렇게 정직하게 고통스러운 얼굴을, 그렇게 정직하게 고독한 얼굴을 본 적이 없다. 가슴이 뭉클하더니 심하게 두근거렸다."

몇 년 전 돌아가셨을 때, 고인을 추모하는 텔레비전 프로그램을 보면서 그분이 살아온 궤적을 알게 되었다. 1·4 후퇴 때 어머니와 피난 내려와 겪었던 고난의 시간, 막둥이 아들을 앞세워야 했던 쓰라린 아픔, 그러한 경험이 마이너리티 리포트를 쓰게 만든 원동력이었을 것이다. 그녀는 이렇게 썼다.

"나는 아직 그 무서운 고통과 고독의 참뜻을 알고 있지 못하다. (…) 그러나 그날 내가 20등, 30등에서 꼴찌 주자에게까지 보낸 열심스러운 박수갈채는 몇 년 전 박신자 선수한테 보낸 환호만큼이나 신나는 것이었고, 더 깊이 감동스러운 것이었고, 더 육친애적인 것이었고, 전혀 새로운 희열을 동반한 것이었다." 박완서, 『꼴찌에게 보내는 갈채』, 세계사, 2002

우리는 1등만 기억하는 더러운 세상에 살고 있다. 역사는 항상 1등에게만 초점이 맞춰져 있다. 승자 입장에 서서 승자 관점에서 말하는 것이다. 그러다 보니 우리의 시선이 상위 1퍼센트에만 쏠려 있는 것은 아닐까? 1퍼센트에게나 99퍼센트에게나 모두 뜨거운 박수를 보내주어야 하는데, 우리는 대개 99퍼센트를 놓친다.

우리나라 99퍼센트, 중소기업들이 내는 고통의 소리는 대기업들의 실적에 보내는 환호성에 묻혀 있는지도 모른다. 정부의 업적 치장에 눈이 팔려서 소외된 서민들의 아픔에는 눈길조차 주지 못하는지도 모를 일이다. 나날이 재산이 증식되는 고위 공직자들이 있는가 하면, 나날이 재산을 줄여가면서 한국의 새로운 성장 동력을 만들어가려는 고독한 벤처인들도 곳곳에 숨어 있다. 우리는 이 사실을 기억해야 한다.

● 도전하는 청춘이 아름답다

꼴찌에게 갈채를, 이것은 단순히 동정의 차원이 아니라 우리 사회의 존폐가 걸린 문제다. 분배 정의니 이익 공유니 하는 공허한 외침보다 진정성 있는 갈채, 그것이 고인이 우리에게 남기고 간 마음일 것이다.

있는 그대로의 내 모습으로

시중에 떠도는 성공학이란 것들은 대개 어떻게 하면 1퍼센트에 들 수 있을까 하는 내용이다. 나는 그런 것 별로 믿지 않는다. 자기계발서란 것들도 1퍼센트에 들어가기 위해 어떻게 자신의 스펙을 변형할 것인가에 초점을 맞추고 있다. 생각도 개조하고 말하는 법도 세련되게 바꾸라는 것이다. 성형수술과 크게 다르지 않다.

왜 바꿔서 1퍼센트에 들어가야 하는 걸까? 그게 성공인가? 1퍼센트가 되면 뭐가 좋은가? 세상을 바꿀 수 있는 힘을 가지게 되는 걸까? 그러면 99퍼센트는 실패한 삶인가? 이런저런 생각을 하다 신이 이 세상을 만들 때 1퍼센트만을 위해 만들진 않았을 것이라는 데 생각이 미쳤다. 1퍼센트를 위한 신이라면 나는 믿지 않을 것이다. 분명 신은 100퍼센트의 사람들을 위해 이 세상을 디자인했다.

사람은 누구나 생긴 대로, 자신에게 부여된 탤런트대로 성공할 수 있다. 그게 신이 설계해놓은 세상의 이치다. 다른 사람과 비교할 필요도 없고 내 스펙을 개조하려고 무리수를 둘 이유도 없다. 다른 사람의 질책에도 둔감해져야 한다. 하고 싶어도 내가 그렇게 안 되는데 어쩌라고? 진정한 성공학은 99퍼센트, 아니 100퍼센트 모두에게 적용될 수 있어야 한다.

만나서 얘기를 나누다 보면 참 멋지고 닮고 싶은 사람이 있다. 묘한 매력이 있기 때문이다. 사회적으로 성공한 사람도 아니고 부자도 아닌데 그런 사람에게서는 당당하면서도 끌어당기는 힘이 느껴진다.

그것이 진정성의 힘 아닐까? 남들과 비교하지 않고 비교당하는 것도 거부하는, 그렇게 자신만의 옷을 입고 살아가는 것이다. 자신만의 오리지널리티가 있어야 명품 인생이다. 세련되지 않아도 좋다. 중요한 것은 거칠면서도 뭉클한 진정성을 갖는 것이다.

요즘 사회는 명품 인생을 추구한다. 유명해지고 화려해지기 위해 스펙을 갖추고 경쟁한다. 그러다 보니 성형외과 광고 사진처럼 'before'는 다른데 'after'는 다 똑같아지는 것이다. 그런 건 짝퉁 인생이다.

무소유의 참뜻

몇 년 전, '무소유無所有'가 다시 한 번 사회적으로 화두가 되었다. 무소유 정신을 주창했을 뿐 아니라 실제 삶으로 보여준 법정 스님이 입적하면서 큰 파장을 일으킨 것이다. 무소유는 '소유하지 않는다'라는 의미인데, 이 단어를 다르게 해석할 수도 있겠다는 생각이 들었다.(한자어는 고립어이기 때문에 여러 각도에서 해석할 수 있다.)

　無所有는 '없음[無]이 곧[所] 있는[有] 것이다'라고 해석할 수도 있다. '무無'는 존재하지 않는 것을 의미하는 것이 아니며, '유有의 반대말도 아니다. 인간의 인식 체계 안에 들어오는 것을 사람들은 有라고 하고, 인식할 수 없는 것을 無라고 말하는 것뿐이다. 예를 들어, 정원에 피어 있는 꽃은 유명有名하지만 깊은 골짜기에 숨어 있는 꽃은 무명無名하다. 정원의 꽃에는 사람들이 이름을 붙여줬지만 깊은 산속의 꽃은 사람들의 인식 체계 안에 들어오지 않기 때문이다. 그렇다고 산속의 이름 없는 꽃이 존재하지 않는 것은 아니다.

　대개 잡초는 나쁜 것, 해로운 것이라는 선입견이 있다. 작물에 피해를 주기 때문이다. 그래서 잡초는 이름도 붙여주지 않는다. 그냥 싸잡아서 잡초라 명명한다. 그러나 잡초라 불리는 것들도 모두 자연 생태계의 일부이고 엄연히 족보가 있다. 이중에는 유익한 약초도 있고 오히려 농작물보다 더 강한 생명력을 지닌 것도 있다. 바위도 뚫고 나오는 풀들이 있지 않은가. 농작물에만 초점을 맞추다 보니 작물보다 더 종자 좋고 유용한 잡초들이 무시당하고 있는지도 모른다. 잡초가 기가 막힐 일이다.

　동물원에서 쇼를 하는 제돌이는 유명하다. 사람들이 이름을 붙여줬기 때문이다. 그러나 야생의 바다를 헤엄치는 돌고래들은 무명하다. 그런데 누가 더 돌고래답게 잘 사는 것일까?

　인간세계도 그러하다. 세상의 프레임은 늘 제도권, 유명인에 맞춰져

꿀 ●

있다. 그리고 프레임에 들어오지 못하는 99퍼센트는 도외시된다. 오히려 그 99퍼센트에 더 강한 생명력이 들어 있는데도.

이 세상에서의 無가 다른 세상에서는 有가 된다. 법정 스님이 말한 '무소유'의 개념은 소유에 얽매여서 쓸데없는 데에 자신의 삶을 소진하지 말고 참다운 자유인으로 살아가라는 교훈이기도 하지만, 더 깊은 뜻은 따로 있다. 이 세상에서 無로 사는 것이 더 큰 세상에서 有로 사는 것임을 설파한 것이다. 그래서 無와 有는 반대말이 아니라, 無가 곧 有이고, 有는 곧 無가 될 수 있다.

우리는 99퍼센트다

"우리는 99퍼센트다."We are 99%.

이 말은 2008년 미국 금융 위기 때 월가 시위대의 슬로건이었다. 고액의 연봉을 받는 1퍼센트의 천재들이 고안해낸 금융 공학의 결과가 서브 프라임 모기지 사태로 이어진 것에 대한 99퍼센트 서민들이 외친 분노의 표현이었다. 지금까지의 경제학은 1퍼센트를 위한 성공학이었던 것이다. 이제 그런 철 지난 지식의 쓰레기들은 폐기되어야 한다.

이와 같은 99퍼센트의 분노는 전 세계로 번져갔다. 2010년 12월 17일 튀니지의 모하메드 부아지지라는 스물여섯 청년의 분신 소식이 유튜브와 트위터, 페이스북을 통해 퍼지면서 튀니지 시민혁명이 일어

227

났다.

　대학에서 컴퓨터공학을 전공한 부아지지는 일자리를 찾지 못해 과일 노점상을 시작했다. 그런데 노점상을 단속하던 경찰이 그의 빰을 때리고 수레를 부수고 빚으로 산 과일을 몽땅 압수해 가버렸다. 찾아가 사정했지만 소용이 없자, 결국 주정부청사 앞에서 몸에 기름을 붓고 분신을 한 것이다.

　이 눈물 나는 사건을 기화로 독재정부 아래에서 고통 받던 시민들이 봉기를 일으켰고, 독재자 벤 알리 대통령이 사우디아라비아로 도망가면서 혁명이 종결되는 듯했다. 그런데 이 불씨가 옆 나라 이집트로 번져갔고, 트위터와 페이스북, 유튜브 등의 SNS와 위키리크스가 불을 지피면서 이집트의 무바라크 대통령이 항복하는 결과를 낳았다.

　이 불씨는 아직도 꺼지지 않고 계속 번져가고 있다. 중동 지역뿐 아니라 세계 곳곳에서 이와 같은 99퍼센트의 혁명이 일어날 것이다. 마치 17, 18세기 영국과 프랑스 등지에서 자유와 평등을 주창하던 시민혁명 역사가 재현되는 듯한 형국이다.

　유럽의 시민혁명은 르네상스 운동의 결과물이었다. 역사를 보면 기술 발달은 이동과 역전을 일으켜왔다. 15세기 중반 구텐베르크의 인쇄기기 발명은 일부 사제와 귀족만 볼 수 있었던 성경을 대량 보급하면서 교회의 권위와 정보 독점을 무너뜨리는 결과를 가져왔고, 결국 종교개혁으로 이어졌다. 이렇듯 르네상스 시대 인간의 재발견과 인문학의 부활이 시민정신을 일깨웠고, 그것이 시민혁명으로 불붙었던 것이다.

꿀 •

우리가 알던 세상의 종말

지금 세상이 그와 비슷해지고 있다. 과거에는 언론 등의 매스미디어가 정보를 생산하고 시민들의 눈과 귀를 독점했지만, 이젠 스마트한 첨단 기기로 무장한 시민들이 SNS로 연결되면서 소셜미디어로의 권력 이동이 일어나고 있다. 분신하며 절규하는 모습, 군인들이 시위대를 무참하게 깔아뭉개는 모습을 텔레비전에서는 볼 수 없지만 유튜브에서는 볼 수 있다. 점점 수평적이고 벌거벗은 사회로 변하는 것이다.

산업혁명과 시민혁명이 새로운 세상을 만들어냈던 18, 19세기의 역사가 정보혁명과 21세기형 시민혁명으로 계승되고 있다. 튀니지와 이집트 혁명은 세계 각국으로 번져나갈 개연성이 크다. 20세기의 역사가 두 번의 세계대전을 기록했다면, 21세기는 '세계혁명'의 시대로 기억될지도 모를 일이다. 이미 세계는 국경이 무색해지고 있고, SNS의 네트워크가 도화선 역할을 하고 있기 때문이다. 한국도 결코 "안녕들 하지" 못하다.

이제 프레임을 바꾸려는 노력이 필요하다. 1퍼센트에 맞춰져 있던 프레임을 99퍼센트에 맞춰야 한다. 세상은 1퍼센트가 움직이는 것 같지만 실제로는 99퍼센트가 움직인다. 인터넷과 모바일, 그리고 그것들을 이어주는 SNS는 주류에서 비주류로의 힘의 이동을 획책하고 있다. 긴꼬리longtail 법칙이 나타나는 것도 힘의 이동을 방증한다. 이동은 갈수록 가속화될 것이다.

세상은 이동 중이다. 청년들이 이동을 볼 수 있는 눈을 가져야 한다. 지금의 생각, 지금의 가치관에 그대로 머물러 있다가는 얼마 지나지 않아 '어? 내가 알던 세상이 어디로 갔지?' 하며 당황할 것이다.

깨뜨리고 부수고 발광發狂해야 한다. 안테나를 높이 세우고 전후좌우 변화를 놓치지 말아야 한다. 촉이 살아 있는 야野한 청년이 되어야 하는 것이다.

"우리가 알던 세상의 종말"The end of the world, as we know it, 이 말이 현실이 될 날이 얼마 남지 않았다.

꿀 •

Stay foolish,
바보처럼 살아라

첨단기술 하류인생

텔레비전 채널을 이리저리 돌리다가 우연히 한 중국 단편영화의 제목이 번쩍 눈에 들어왔다. 〈첨단기술 하류인생〉, 생각거리를 주는 제목이라 얼른 메모해놓았다.

영화는 기술의 발달로 세상이 스마트해지고 문명화되지만 아이러니하게도 인간의 삶은 오히려 하류인생으로 전락한다는 경고 메시지를 담고 있었다.

첨단기술은 인류에게 풍요로움과 안락함을 제공해주었지만, 세상에 공짜는 없는 법. 체력이나 정신력은 물론이고, 기억력과 사고력, 상상력 등을 잃어가고 있다. 이런 식으로 퇴화가 가속화하다가는 얼마 지나지 않아 우리 몸과 뇌가 본연의 야생성을 잃고 좀비가 되는 것은 아널까 하는 끔찍한 상상도 하게 된다.

실제로 알게 모르게 퇴화가 진행되고 있다. 요즘은 운전할 때 아는 길도 습관처럼 내비게이션을 켜고 가다 보니, 익숙한 길도 머릿속에 금방 떠오르지 않는다. 내비게이션이 가르쳐주는 대로 가면 되니까 머릿속에서 지도가 사라져버린 것이다. 공간지각 능력도 많이 떨어졌다는 것을 느낀다.

우리 뇌腦는 점점 굳어져가고 생각도 고착화되어간다. 『생각의 빅뱅』에서 생체심리학자인 에릭 헤즐타인은 인간의 뇌는 구석기시대 이후 별로 변하지 않았다는 흥미로운 이야기를 전한다.

구석기시대의 원시 인류는 내일보다는 오늘 굶지 않고 생존하는 것이 절박했고, 이렇게 당장의 이익과 목표에 집중하는 단기 지향적 특성을 가진 DNA가 유전되어 우리 뇌 속에 남아 있다는 것이다. 그것이 인간의 뇌가 눈앞의 위험이나 이익에는 민감하게 반응하지만, 아직 닥치지 않은 미래의 일에는 잘 반응하지 않는 이유다.

또 인간의 뇌는 경제성을 추구한다. 정보가 들어오면 처리하기 위해 뇌가 에너지를 사용해야 하는데, 경제성을 추구하는 인간은 에너지 사용을 극소화하면서 정보를 처리하려는 속성이 있는 것이다.

그것이 고정관념이라는 형태로 나타난다. 사람의 뇌는 생각이나 관념을 고정화함으로써 최대한 에너지 사용을 줄이는 방법을 택한다. 또 선택적으로 인지하려는 경향을 보인다. 자신의 틀에 맞는 생각만 받아들이고 그렇지 않은 것들은 틀렸다고 치부해버리는 것이다. 더불어 들

꿈●

고 싶은 얘기만 듣고 믿고 싶은 것만 믿게 된다. 그래야 뇌가 편안함을 느끼기 때문이다.

고정관념이 강해지면 인간은 무력해지고 딱딱해진다. 사람을 바보로 만들고 야성을 빼앗고 로봇처럼 길들이는 것이다. 그렇게 되면 현실을 제대로 인지하지 못할 뿐 아니라 세상의 변화에도 둔감해진다.

뇌의 사각지대를 없애라

우리는 대개 누군가를 파악할 때 어느 학교 나왔는지, 어디 출신인지, 사회적 지위가 어떠한지 등을 판단의 기준으로 삼는다. 스펙과 외모로 판단해버리는 것이다.

왜 그럴까? 이유는 간단하다. 그래야 뇌의 에너지를 적게 사용해 뇌가 편안해지기 때문이다. 복잡한 3차방정식보다는 1차방정식이 풀기 쉬운 것과 같은 이치다. 사람을 판단할 때뿐 아니라 상황을 판단할 때도 마찬가지다.

습관이라는 것도 같은 원리다. 공부를 할 때 공식을 외우면 빨리 풀수 있듯이 우리의 행동을 정형화해 습관으로 만들어놓으면 에너지 사용을 극소화할 수 있다. 즉, 습관은 행동 패턴을 단순화함으로써 우리를 일정한 영역에 머물게 만든다. 그리고 그 안에서 인간의 뇌는 편안함을 느낀다.

뇌를 굳게 놔두면 위험하다. 어린아이 같은 호기심, 엉뚱한 질문, 풍부한 상상력은 뇌를 말랑하게 유지해준다. 권투선수가 계속 잽을 날리듯 새로운 시도와 도전을 쉬지 말아야 한다. 몸의 운동도 필요하지만 뇌의 운동은 더 중요하다. 뇌가 굳어 인식 능력이 떨어지는 것을 치매라고 부른다.

그래서 생각에도 사각지대가 존재하는 것이다. 다른 사람 눈의 티끌은 보면서 자기 눈 속에 있는 들보는 못 보는 까닭도 사각지대 때문이고, 아집과 고정관념, 좁은 시야, 자기합리화도 이로부터 연유한다.

언어가 우리의 생각을 규정하고, 제도는 거기에 틀을 씌운다. 그러면서 사각지대를 만들어낸다. 나의 구식 뇌를 너무 믿고 살았던 건 아닌지, 문명을 너무 신뢰하는 것은 아닌지 의심하며 생각의 경계를 깨는 야성 훈련을 날마다 해야 한다.

그런 것들이 우리 삶을 망치도록 방치해서는 안 된다. 자유로워지기 위해서는 끊임없이 살아 있어야 한다. 나에게 부여된 탤런트와 본연의 능력을 1퍼센트도 소유하지 않고 다 쓰고 가는 삶, 그러기 위해 치열하게 투쟁하는 진정성 있는 삶, 그런 것이 일류 인생 아닐까? 사회적 성공, 그건 덤일 뿐이다.

소아적 효율성은 바보짓이다

우리의 삶을 하류인생으로 만드는 또 다른 원인은 지나친 효율성 추구에 있다. 산업문명의 특징은 효율성이다. 최소의 인풋으로 최대의 아웃풋을 창출하는 것이 경제성의 본질이다. 그러기 위해 경쟁을 추구해왔다.

이런 문명에서 살다 보니 느리고 비효율적으로 사는 것은 바보 같아 보인다. 특히 20, 30대 청년들은 손해 보는 일은 절대로 해서는 안 된다는 어처구니없는 교육을 받아왔다. 밖에 나가서 지고 들어오면 부모님께 혼나고 학교 공부도 남들보다 뒤쳐지면 안 된다는 다그침을 받으며 살아왔다. 희생이나 양보보다는 경쟁해서 이기는 것이 성공이라는 생각이 주입되어 있는 것이다.

공부나 일을 할 때 지나치게 효율성만 따지는 청년들이 있다. 불필요한 것 하느라 시간 낭비하지 않겠다는 것이다. 그런데 그건 제 꾀에 제가 빠지는 일이다. 당장은 효율적인 것 같지만 오히려 그것이 나중에 함정이 될 수 있다.

수능식 공부에 익숙하다 보니 진짜 공부가 뭔지 모른다. 일도 마찬가지다. 일이란 매우 다면적이고 관계성이 중요해서 매뉴얼화된 업무만 잘한다고 일을 잘하는 게 아니다. 잘 노는 사람이 일도 잘하는 이유가 여기에 있다.

청년들과 얘기하다 보면 당황스러울 때가 있다. 이게 왜 이렇게 되었는지 물어보면 "이건 제 책임이 아닌데요?"라고 대답하는 경우다. 그런 청년들이 생각보다 많다. 책임을 추궁하려고 물은 게 아니라 단지 상황을 알고 싶어서 물은 것뿐인데 설명 대신 면피하려고 할 때 슬프다는 느낌까지 받는다. 잘못해서는 안 되고 남들에게 바보처럼 보이거나 경쟁에 져서는 안 된다는 강박관념이 있는 것 같아서다.

정말 그런 걸까? 그게 인생의 진리일까? 그건 지난 200여 년 동안 세상을 지배해왔던 산업문명의 패러다임이 아닐까? 서구 중심의 산업문명이 점점 몰락하고 있는 지금, 그런 소아적 효율성 관념은 용도 폐기되어야 한다. 효율성을 추구하는 패스트푸드 대신 비효율적인 슬로푸드가 각광받는 추세도 이러한 맥락이다.

이제는 우리 자신을 놓아줄 때가 되었다. 나를 옭죄고 있는 고정관념과 습관을 깨뜨리고 지금까지와는 다른 발상도 해보고 해보지 못했던 새로운 시도와 경험을 저질러야 한다. 그래야 꿈틀꿈틀 살아 있는 생명력을 느끼고 진정한 자유를 즐길 수 있다.

햄버거는 규정된 매뉴얼에 따라 재료를 딱딱 얹으면 금방 만들어진다. 그런 햄버거 인생은 매력 없다. 그런 인생에 나의 생명력을 소비한다는 것은 정말 아까운 일이 아닐 수 없다. 그게 진짜 바보다.

바보의 절대 경지

동양에서는 바보의 경지를 최고로 친다. 총명함이 극에 달해야 바보의 경지에 오를 수 있다는 것이다. 청나라 시대 정섭은 이런 글을 남겼다.

총명하기가 어렵지만 멍청하기도 어렵다. 총명함을 거쳐 멍청하게 되기는 더더욱 어렵다. 집착을 놓아두고, 한걸음 물러서서 마음을 내려놓는 것이 어찌 뒤에 올 복의 보답을 도모함이 아니겠는가?
聰明難, 糊塗難, 由聰明轉入糊塗更難. 放一著, 退一步, 當下心安, 非圖後來福報也.

여기서 중국인들이 가장 좋아한다는 좌우명 난득호도難得糊塗라는 말이 나왔다고 한다. 진짜 바보의 경지에 이르기가 어렵다는 의미다. 우리는 서로가 잘났다고 자신이 더 우월하다고 홍보하는 시대를 살아가고 있다. '나는 바보야'라고 말하면 루저처럼 보인다. 그러나 진짜 승자는 바보의 경지에 오른 사람이다.

'완전한 솜씨는 오히려 졸렬해 보인다'라는 의미의 대교약졸大巧若拙, 노자의 『도덕경』에 나온 이 글귀를 보자.

완전히 이루어진 것은 모자란 듯 보이나, 그 쓰임에는 다함이 없다. 완전히 찬 것은 비어 보이나, 그 쓰임에는 끝이 없다. 완전히 곧은 것은 굽어

● 도전하는 청춘이 아름답다

보이고 완전한 솜씨는 졸렬하게 보이며 완전한 웅변은 눌변으로 보인다.

大成若缺, 其用不弊. 大盈若沖, 其用不窮. 大直若屈, 大巧若拙, 大辯若訥.

꿀 •

기업 경영에서도 이제는 효율성을 추구하기보다는 창의성을 중요
시하는 변화가 일어나고 있다. 창의적인 사람이 되기 위해서는 융합
능력이 있어야 하는데, 바보 같은 사람들이 그런 능력을 발휘할 수 있
다. 학점 잘 따려고 시간을 효율적으로 쓰는 데에만 몰두하는 학생보
다는 다른 분야의 친구들과 잦은 교류를 하고 봉사나 대외 활동도 열
심히 하는 학생이 창의성을 더욱 발휘할 수 있는 것이다. 또 외계인들
과 자주 식사하고 커뮤니티 활동도 활발히 하는 사람들이 직장에서 좋
은 성과를 낼 수 있다.

이젠 거꾸로 달려야 할 때가 되었다. 레밍 무리에서 뛰쳐나와 다르
게 생각하고 다르게 행동하고 다르게 숨 쉬는 결단이 필요하다. 성공
에 대한 집착도 버려야 한다. 시중에 나와 있는 얄팍한 성공학 공식에
현혹되지 말라. 사회적 성공과 삶의 성공은 다르다. 높은 자리에 올라
가고 돈 많이 벌고 유명해지는 사회적 성공은 일시적이고 거품처럼 쉬
사라지는 것이다. 우리가 진정으로 욕심내야 할 것은 삶의 성공이다.
한 번뿐인 삶을 자신만의 자유로움으로 살아가는 것, 그것이 진정으로
살아 있는 생명이다.

때를 준비하라

춘추시대 노魯나라에서 활동했던 공자는 사회적으로 성공한 사람이 아니었다. 그는 세 살 때 아버지를 여의고 가난한 환경에서 자랐다. 큰 벼슬을 한 것도 아니고, 이 나라 저 나라를 떠돌며 유세했지만 그 당시에는 자신의 생각을 받아주는 제후가 별로 없었다. 그러나 공자의 사상은 사후 300여 년이 지난 한나라 때에 와서 유학으로 숭앙받기 시작했고, 향후 2000년 동양 사상의 주춧돌이 된다.

말년에 공자는 떠돌이 신세가 된다. 자신을 알아주고 받아주는 사람들이 없었기 때문이다. 이 나라 저 나라를 떠돌아다니면서 문전걸식하는 신세가 된 것이다. 하루는 공자가 깊은 산길을 가다가 난초를 발견하고는 '공곡유란空谷幽蘭'이라 탄식했다고 한다. 깊은 골짜기에 그윽이 피어 있는 이름 없는 난초가 자신의 처지와 비슷했기 때문이다. 공자는 세상이 알아주지 않는 고독함과 자신의 무명함을 공곡유란이라는 말에 빗댄 것이다.

인간은 누구나 사회적으로 인정받고 싶은 욕구가 있다. 남들이 자신을 잘났다고 알아주고 누구나 부러워하는 자리에 앉고 유명해지고 싶은 것이다. 그렇기에 남이 알아주지 않으면 우울해지고, 심한 경우 공황 상태에 빠지기도 한다.

공자는 『논어』에서 "남이 알아주지 않아도 화내지 않는다면 가히 군자라 할 만하다"[人不知而不慍 不亦君子乎]라고 했다. 남을 부러워하거나

• 도전하는 청춘이 아름답다

남과 비교하지 않고 자신이 심긴 곳에서 꽃피우는 사람이 진짜 가치 있는 사람이다. 조선의 문인 윤두서도 이렇게 노래했다. "옥에 흙이 묻어 길가에 버렸으니, 오는 이 가는 이 흙이라 하는구나, 두어라 알아보는 이 있을지니 흙인 듯이 있거라."

어리석게 살라는 것이다. 그러다 보면 때가 온다. 청년 시절은 때를 준비하는 시간이다. 실력을 쌓으면서 바람이 불 때를 기다리는 지혜가 필요하다. 더불어 한 사람 한 사람을 귀하게 여길 줄 아는 겸손함이 필요하다.

어마어마한 한 사람

교보빌딩에 게시됐던 광화문글판 글귀를, 시민 1600명을 대상으로 온라인 인기투표를 실시한 결과 이 글귀가 1위에 선정됐다. 정현종 시인의 시 「방문객」에서 발췌한 구절이다.

"사람이 온다는 건 / 실은 어마어마한 일이다. / 한 사람의 일생이 오기 때문이다."

우리는 '사람'을 잊고 사는 경우가 많다. 한 사람이 존재하기 위해서는 부모가 있고, 그 부모 각각의 부모, 또 그 부모의 부모……. 그렇게 거슬러 올라가보면 우리가 만나는 사람에는 그 한 사람의 일생만이 아니라, 기하급수적으로 늘어나는 많은 선조들의 삶이 담겨 있고 수백만

년의 역사가 잇닿아 있음을 안다. 한 사람은 이렇게 어마어마하다.

그런데도 우리는 사람을 너무 쉽게 판단한다. 그 사람이 현재 지닌 부와 지위에 눈을 빼앗기고, 한 사람 안에 잠재해 있는 어마어마함을 무시해버리기도 한다. 또 업적을 성공이라 치부하는 우를 범하고 세속적 가치에 인간의 가치를 매몰시킨다.

'사람'을 볼 줄 아는 혜안이 필요하다. '사람'을 존중할 줄 아는, 낮고 겸손한 마음을 품어야 한다. 타인을 나보다 낫게 여기고, 상대방의 숨어 있는 가치를 찾아내고 그것을 존중해주는 성숙한 자세를 가져야 한다.

존 맥스웰은 『파워 리더십』에서 19세기 후반 영국 수상을 지낸 윌리엄 글랫스톤과 벤자민 디스라엘리의 리더십 스타일을 비교하면서, 이틀 연속으로 그들과 저녁식사를 함께한 한 여인의 증언을 통해 두 사람의 차이점을 이렇게 기술했다.

"글랫스톤 씨 옆에서 식사를 한 뒤, 식당을 나오면서 제가 한 생각은 그가 영국에서 가장 똑똑한 사람이라는 것이었죠. 하지만 디스라엘리 씨 옆에서 식사를 하고 난 뒤 생각한 것은 내가 영국에서 가장 똑똑한 여자라는 것이었죠."존 맥스웰, 전형철 옮김, 『파워 리더십』, 청우, 2000

우리 청년들이 기성의 틀을 깨뜨리는 야성을 회복했으면 좋겠다. 왜곡된 가치관과 고정관념, 근시안적 시야를 벗어던지고 지혜와 겸손함을 갖춘 바보들이 되었으면 좋겠다.

랜디 포시 교수는 암 선고를 받고 죽음을 앞둔 상황에서 했던 '마지막 강의'에서 이런 말로 강의를 끝맺었다.

"If you lead your life right way, the dreams will come to you."

만약 당신이 당신 인생을 똑바로 이끌어간다면, 꿈은 당신에게 올 것이다.

그렇다. 꿈은 우리 힘으로 달성하는 것이 아니라 어느 날 스스로 찾아오는 것이다. 바보처럼 묵묵히, 그리고 겸손하게 자신의 길을 걷고 있는 사람에게.

닥치고
걷는 거다

,

좋은 일도 나쁜 일도 없다

인생을 살다 보면 많은 일들을 만난다. 기뻐서 뛸 만큼 좋은 일이 생기기도 하고, 눈앞이 깜깜해서 두려움에 휩싸일 만큼 나쁜 일에 부딪히기도 한다. 좋은 일이 생기면 어깨에 힘이 들어가고 어려운 일이 생기면 어깨가 축 늘어진다.

그런데 무엇이 좋고 무엇이 나쁜 일일까? 원하는 대학이나 직장에 합격하면 좋은 일이고, 진학이나 취업, 사업에 실패하면 나쁜 일일까? 살다 보면 그렇지 않은 경우들을 많이 보게 된다. 젊을 때 일류 대학과 대기업을 거쳐 스펙 좋은 혼인까지 소위 엘리트 코스를 밟은 사람들과 청년 시절 방황하고 힘들게 살아왔던 사람들이 40, 50대에 역전하는 경우가 비일비재하다. 청년 시절 이른 성공을 한 사람은 자기 삶에 안

● 도전하는 청춘이 아름답다

주한 채 뻗어 나가려는 야성을 잃어버리는 반면, 고생을 한 사람은 자신의 부족함을 알고 계속 도전하기 때문이다.

이렇듯 지금 당장은 좋아 보이고 사람들이 모두 축하해주더라도, 시간이 지나서 보면 오히려 그것이 덫이 되고 더 안 좋은 결과를 가져오기도 한다. 지금의 역경이 나중에 커다란 복으로 변하는 것이다.

그러고 보면 우리가 살면서 만나는 모든 사건들은 가치중립적이다. 사람들이 거기에 자신의 생각과 예측을 투사해서 판단하는 것뿐, 그 자체로 좋은 일도 그 자체로 나쁜 일도 없다.

'부작용'이라는 뜻의 영어 단어는 'side effect'다. 이 단어의 어원에는 '다른 면'the other side이라는 뜻이 숨어 있다. 우리가 볼 수 있는 세상만이 아니라 다른 차원의 세상이 존재하고, 어떤 일에든 양면성이 있다는 얘기다. 좋다고 생각되는 일이 생기면 반드시 다른 면에서 문제가 생기는 게 세상 이치다. 힘 빠지는 일이 닥쳐도 낙심할 필요 없다. 삶이란 풍선과 같아서 한쪽 힘이 빠지면 다른 쪽이 부풀어 오르기 때문이다. 운동도 고된 훈련을 통해 힘을 뺀 뒤에야 좋은 플레이가 나오듯이 인생도, 사업도 마찬가지다.

일이 좀 풀리면 우쭐해지고, 일이 잘 안 되고 주머니가 비어가면 비굴해지는 것이 우리 범부들의 모습이다. 어떤 일을 만나도 흔들리지 않고 꿋꿋하게 살아가고 싶은데, 그게 쉽지 않다. 그 이유는 우리가 삶을 평면적으로 보기 때문이 아닐까?

길을 구하는 자는 아무것도 구하지 않는다

침샘암과 힘든 싸움을 벌였던 소설가 고故 최인호의 투병 일지를 기억한다. 침 한번 제대로 삼키기 어려웠다니 얼마나 큰 고통이었을까? 육체의 고통보다 두려움이 주는 고통이 더 컸다는 그의 말에 눈물이 났다. 생각해보면 그렇다. 침 한번 못 삼키고 숨 한번 쉴 힘이 없으면 죽는 것이 인생이다.

아파야 산다는 역설이 맞다는 생각이 들었다. 아프지도 않고 고난도 없이 살다 가는 것을 복으로 여기지만 시련과 고통이 주는 지혜가 더 귀한 신의 선물이다. 그의 투병 일지가 주는 감동이 부자들이 던져주는 기부금보다 더 값지지 않겠는가?

만일 최인호 씨가 암에 걸리지도 않고 젊은 시절부터 베스트셀러 작가로 계속 승승장구했다면 그의 소설은 대중적인 글쓰기로 끝났을 것이고, 말년의 글에 무게가 실리지 않아 많은 사람들에게 이와 같은 깨달음과 감동을 주지 못했을지도 모른다.

가톨릭 신자인 그는 투병 생활 처음에는 병을 낫게 해달라고 기도했단다. 기적 같은 일이 일어나게 해달라고, 그러면 주님을 위해 글을 쓰겠다고. 그러나 기적은 일어나지 않았고, 그는 자신이 엿장수 목판에 놓인 엿가락과 같다는 깨달음을 얻었다. 엿장수가 엿가락으로 엿치기를 하든, 바꿔 먹든 그것은 엿장수 마음대로라는 것이다.

그의 기도는 이렇게 바뀌었다.

"제가 쓰는 글이 가난하고 고통 받는 사람의 입속으로 들어가 달콤한 일용할 양식이게 하소서. 우리 주 엿장수의 이름으로 바라나이다. 아멘." ^{최인호, 『최인호의 인생』, 여백, 2013}

정말 그의 글은 엿 같았다. 투병 일지를 읽으면서 울다 웃다를 반복했다. 그러면서 울음과 웃음도 하나이고, 삶과 죽음도 다른 존재 양식일 뿐임을 깨달았다. 그런데 그가 투병 일지에 인용한 당나라 선승 마조馬祖의 말은 마치 꿀 같았다.

진정으로 법을 구하는 사람은 아무것도 구하지 않는다.
未求法者 無所求.

그렇구나. 눈앞의 일에 금세 좋아했다 실망했다 하는 사람은 소인배다. 우리가 혼신을 다해 구해야 할 것은 법法, 즉 내가 가야 할 길이다.

오래 걷는 사람

어느 인디언 부족에 '오래 걷는 사람'이라는 이름이 있었다고 한다. 청년이 그 이름을 얻게 된 사연은 이렇다.

어느 날, 이 마을에 전염병이 돌기 시작했다. 기침을 하면서 피 토하는 사람들이 많아지더니, 죽는 사람들이 생겨났다. 그런데 마을에는 의사가 없었다. 이전에는 약초를 좀 아는 노파가 의사 역할을 해왔지만 새로운 병에 대해서는 어찌할 방도를 찾지 못하고 있었던 것이다.

마침 어느 마을에 전염병을 고칠 수 있는 약이 있다는 소문이 들려왔다. 누군가 그 마을에 약을 구하러 가야 했는데, 이 청년이 뽑혔다. 청년은 당장 의사가 있는 마을을 향해 말을 타고 떠났다. 그런데 엎친 데 덮친 격으로 가는 도중에 폭풍과 눈을 못 뜰 정도로 거친 눈보라를 만났다. 눈이 너무 많이 쌓여서 천신만고 끝에 의사가 있는 마을에 도착했다.

약을 구한 청년은 자신만 애타게 기다리고 있을 마을 사람들 생각에 쉴 겨를도 없이 길을 떠났다. 그런데 날씨가 더 나빠져 한 걸음도 옮길 수 없었다. 차가운 강풍과 매서운 눈보라 때문에 동물들이 모두 숨어버린 상황, 청년도 며칠간 추위를 견뎌가며 숨어 있어야 했다.

며칠 뒤 날씨가 좀 누그러지긴 했지만 높이 쌓인 눈 때문에 걸음을 내딛기가 어려웠다. 풀이 눈에 덮여 있어 먹이를 제대로 먹지 못한 말이 비틀거리기 시작했다. 그렇다고 말을 버릴 수도 없는 노릇, 지친 말에게 나무껍질을 벗겨 먹여가면서 겨우겨우 발걸음을 옮겼다.

점점 얼마 남지 않았던 식량도 다 떨어져가고 눈 때문에 길도 찾을 수 없었다. 포기하고 싶었지만 자기만 기다리고 있을 마을 사람들 생각에 자신을 때려가며 계속 걸었다. 강추위와 굶주림 속에서 넘어지고 일어서기를 반복하다가 청년은 결국 기운이 다 빠져 의식을 잃었다. 이젠 운명에 맡길 수밖에 없었다.

● 도전하는 청춘이 아름답다

자신이 죽은 줄만 알았던 청년은 사람들의 환호 소리에 눈을 떠, 말의 고삐에 묶인 채 약자루를 손에 꼭 쥐고 있는 자신을 보았다. 마을 사람들은 청년의 공을 기념하기 위해 '오래 걷는 사람'이라는 이름을 지어주었다고 한다.

당신은 다른 사람에게 전달해야 할 약을 갖고 있는가? 그래야 포기하지 않고 오래 걸을 수 있다. 누구나 어려운 시간을 만난다. 사람들이 말을 안 해서 그렇지, 어려움의 형태와 강도가 다를 뿐 고통의 터널을 거치지 않는 삶은 없다. 너무 힘들면 잠시 주저앉아도 괜찮다. 그러나 다시 털고 일어나서 계속 걸어가야 한다.

실크로드는 부드러운 길이 아니다

문득 내가 가고 있는 길이 맞는지 회의가 들기도 한다. 나도 사업의 어려움을 겪을 때 그런 생각을 많이 했다. 이 길이 아닌데 내가 고집을 피우고 있는 건 아닌지, 되돌아가서 다른 길로 가야 하는 건 아닌지 혼란스럽다. 지금 가고 있는 길이 너무 험난하고 힘들어서 포기하고 싶다면 실크로드는 비단결처럼 부드러운 길이 아니라는 사실을 기억하라.

후세에 사는 우리는 실크로드 하면 여느 고속도로처럼 나 있는 길을 떠올리겠지만 실은 그리 단순하게 경계 지을 수 있는 것이 아니다. 이게 길인지 아닌지 헷갈리고, 평탄하게 닦여 있지도 않았다. 험한 산

길을 돌아가기도 하고, 끝없는 사막길로 이어지기도 하고, 날씨가 궂으면 보이던 길이 없어지기도 했다.

실크로드는 천년이 넘는 긴 시간을 두고 만들어졌다. 수없는 시행착오와 이름 모를 많은 사람들의 죽음과 희생이 그 길 밑에 깔려 있는 것이다.

죽을 것같이 아파도, 길이 헷갈려도 우리가 계속 걸어가야 하는 이유는 창조 정신과 선구자 정신이 궁극적으로 우리 사회를 발전시켜왔다는 것을 역사가 증명하기 때문이다.

양궁을 할 때 화살을 쏘면서 과녁을 맞혀야지 하고 생각하면 명중시킬 수 없다고 한다. 화살을 놓으면서 나를 떠나보내지 않으면 안 된다는 것이다. 그 정도의 경지에 이르려면 수도 없는 훈련이 필요하다. 나 자신이 화살이 되고, 활이 되고, 과녁이 될 때까지 수천 번, 수만 번 쏘고 또 쏘아야 한다.

여기에 인생의 원리가 있다. 성공적인 인생을 살고 싶은 것이 누구나의 바람이지만 성공에 집착해서는 성공할 수 없다. 그 생각 자체가 없어질 때까지 나를 버리고 떠나보내는 고통의 시간을 신은 우리에게 부여한다.

청춘은 이러한 훈련을 하는 시기다. 나를 떠나보내고 놓으면 변화가 생긴다. 생각이 단순해지는 것이다. 욕심과 헛된 생각들이 사라지기 때문이다. 그러면 내가 해야 할 일이 명료하게 다가올 것이다.

• 도전하는 청춘이 아름답다

겸손한 사람은 절망하지 않는다

지금 청년들이 너무 아프다. 또 혼란스럽다. 질주하는 레밍 떼에서 뛰쳐나오는 것이 머리로는 맞다고 생각하면서도 용기를 내기가 쉽지 않기 때문이다. 야생이 얼마나 위험하고 고독한 곳인지 경험해봤기에 부추기기도 조심스럽다. 그러나 나와야 한다. 그러지 않으면 우리 사회가 모두 낭떠러지로 떨어질 것이다.

시련은 참으로 아픈 것이다. 그러나 반복되는 시련이 인내를 낳고, 인내는 사람을 겸손하게 만든다. 겸손하다는 것은 모든 것을 내려놓고 아무것도 예상하지도, 구하지도 않으면서 삶의 원리에 순응하는 상태를 의미한다. 진정한 성공이란 인생에 몸을 완전히 맡기는 것이다. 그러므로 겸손한 사람에게는 두려운 것도 없고, 끊을 희망이란 것도 있을 수 없다. 겸손한 사람은 절망하지 않는다.

김수영의 「절망」이라는 시를 보라.

풍경이 풍경을 반성하지 않는 것처럼

곰팡이 곰팡을 반성하지 않는 것처럼

여름이 여름을 반성하지 않는 것처럼

속도가 속도를 반성하지 않는 것처럼

졸렬과 수치가 그들 자신을 반성하지 않는 것처럼

바람은 딴 데에서도 오고

끝 ●

구원은 예기치 않은 순간에 오고

절망은 끝까지 그 자신을 반성하지 않는다.

그렇구나! 절망은 끝까지 자신을 반성하지 않는구나.

그렇다면 절망이 반성할 때까지, 딴 데에서 예기치 않은 구원이 오는 순간까지, 닥치고 나의 길을 걷는 거다.

그게 당신이었으면
좋겠다

『철학자와 늑대』는 젊은 철학자가 11년간 실제로 늑대를 키우면서 인간 삶의 본질에 대해 생각한 것들을 써 내려간 책이다.

인간은 늑대보다 우월한가? 인간이 지성을 가지고 있다는 이유로 만물의 영장이라 생각하지만 지성을 얻는 대신에 야성을 잃어야 했다. 그런데 이 지성이란 것이 오히려 착각과 오류에 빠지게 할 수도 있다.

인간의 대표적인 착각이 행복 추구다. 즉, 인간은 만족한 감정 상태일 때 행복하다고 느낀다. 자신의 생각이나 예측과 다른 결과가 오면 불행하다고 생각하는 것이다.

그런데 철학자는 늑대를 관찰하며 통찰을 얻는다. 늑대는 먹이를 쫓아 30킬로미터를 달릴 수 있는 지구력이 있는데, 한번은 토끼를 잡으려고 15분가량을 숨죽이고 기다리는 것을 본 적이 있단다. 온몸을 경직시키며 다가올 기회를 위해 참고 견디는 것이 즐거운 감정은 아닐 텐데, 늑대는 사냥에 성공하든 실패하든 그 시간이 끝나면 눈을 반짝이며 환희에 젖더라는 것이다. 저자는 거기에서 행복과 불행의 감정을 초월하는 야성의 철학을 발견한다.

산업문명이 쇠퇴하면서 우리 사회는 점점 깊은 늪으로 빠져들고 있다. 그 원인은 야성의 상실에 있다. 행복이라는 감정을 좇다 못해 그 감정에 쫓기며 노예 상태로 살아가는 것이 지금 우리의 모습인지도 모른다. 지능이 가져다주는 이기심과 욕심, 아집과 교만, 이런 것들이 오히려 나의 본질을 보지 못하게 하고 삶의 진정성을 해치는 것이다.

우리는 야성을 잃어버린 채 살아가고 있다. 동물원처럼 규격화된 문명의 제도 안에 안주하면서 내가 누군지, 진짜 잘 산다는 것이 무엇인지 의심도 치열한 도전도 없이 세속적인 가치관에 속아 주어진 시간을 껍데기 삶에 소비한다. 사냥하지 못하는 동물원 사자처럼, 사람들이 쳐주는 박수와 던져주는 먹이에 만족하며 쇼를 하는 돌고래처럼 말이다.

야성을 회복하지 못한다면 우리 사회는 오래가지 못한다. 기업들은 기업가 정신을 되찾아야 하고, 교육자들은 공부의 야성을 찾아야 하며, 정치인들은 야심을 야성으로 전환해야 하고, 종교인들은 성을 허물고 예수와 부처의 야성을 좇아야 한다.

기득권층의 무지와 오만에 청춘들이 병들고 있다. 병을 이기는 방법은 스스로 병과 싸우는 것밖에 없다. 지금 20, 30대 청년들이 살아갈 미래는 다른 누가 만들어주지 않는다. 삶을 대신 살아줄 수도 없다. 스스로 길을 개척해가야 하는 것이다.

　동물원을 탈출하는 늑대들이 많아졌으면 좋겠다. 동화 속의 늑대는 양들을 잡아먹지만, 청년 늑대는 우리 사회를 살릴 것이다. 우리는 이미 스토리의 결말을 알고 있다.

　"늑대가 나타났다."

　그 늑대가 당신이었으면 좋겠다.

야해야 청춘

초판 1쇄 인쇄 2014년 3월 5일
초판 1쇄 발행 2014년 3월 12일

지은이 김용태 **펴낸이** 연준혁

멀티콘텐츠사업분사 분사장 정은선
출판기획 오유미 배윤영
콘텐츠비즈니스 이화진
디지털콘텐츠 전효원
이러닝기획 김수명 송미진
디자인 [★]규
제작 이재승

펴낸곳 (주)위즈덤하우스 **출판등록** 2000년 5월 23일 제13-1071호
주소 (410-380) 경기도 고양시 일산동구 정발산로 43-20 센트럴프라자 6층
전화 031-936-4000 **팩스** 031-936-3891
홈페이지 www.wisdomhouse.co.kr
종이 월드페이퍼 **인쇄·제본** (주)현문 **후가공** 이지앤비

ⓒ 김용태, 2014
값 13,000원
ISBN 978-89-6086-660-7 13320

• 잘못된 책은 바꿔드립니다.
• 이 책의 전부 또는 일부 내용을 재사용하려면
사전에 저작권자와 (주)위즈덤하우스의 동의를 받아야 합니다.

국립중앙도서관 출판사도서목록(CIP)

<table>
<tr><td>야해야 청춘 : 서툴지만 포기하기엔 이른 당신을 향한 독설
/ 지은이: 김용태. -- 고양 : 위즈덤하우스, 2014
  p. ; cm</td></tr>
<tr><td>ISBN 978-89-6086-660-7 13320 : ₩13000</td></tr>
<tr><td>청년훈[靑年訓]
자기 개발[自己開發]</td></tr>
<tr><td>199.5-KDC5
179.7-DDC21   CIP2014007367</td></tr>
</table>